유령의 삶

1판 1쇄 인쇄 2026. 4. 3.
1판 1쇄 발행 2026. 4. 10.

지은이 에릭 사댕
옮긴이 박지민

발행인 박강휘
편집 이종연 디자인 박주희 마케팅 고은미 홍보 강원모
발행처 김영사
등록 1979년 5월 17일(제406-2003-036호)
주소 경기도 파주시 문발로 197(문발동) 우편번호 10881
전화 마케팅부 031)955-3100, 편집부 031)955-3200 | 팩스 031)955-3111

값은 뒤표지에 있습니다.
ISBN 979-11-7332-611-0 03100

홈페이지 www.gimmyoung.com   블로그 blog.naver.com/gybook
인스타그램 instagram.com/gimmyoung 이메일 bestbook@gimmyoung.com

좋은 독자가 좋은 책을 만듭니다.
김영사는 독자 여러분의 의견에 항상 귀 기울이고 있습니다.

에릭 사댕

박지민
옮김

LA VIE SPECTRALE

유령의 삶

PENSER L'ÈRE
DU MÉTAVERS ET
DES IA GÉNÉRATIVES

디지털 세계에서

인간은

*

어떻게
존재하는가

김영사

일러두기

책 뒤편의 주석은 원저자의 것이고,
본문 하단의 각주는 독자의 이해를 돕기 위해
옮긴이가 쓴 것이다.

"인간의 완성도는 생산품의 완성도에는
비할 바가 못 된다.
우리가 생산하는 것이 우리의 재현 능력과
책임 능력을 초월한다."
귄터 안더스, 《골동품이 된 인간》 제5판 서문

"누구의 감수성도 경멸하지 말지어다.
각자의 감수성은 천부적 소질이니."
샤를 보들레르, 〈불꽃〉

"그 누구도 영혼을 제대로 돌보지 않는다."
플라톤, 《국가》

"자신의 경사를 따르는 건 좋다.
그 경사가 오르막인 경우라면."
앙드레 지드, 《위폐범들》

서론. 도래하는 현재

I. 프랙털 삼위일체
: 테크놀로지/신체/사회

II. 현실의 재가공

차
례

III. 또 다른 유령

IV. 탈주체화 과정

지평(들). 진실의 시간

주

8

1. 신체의 기술·경제적 배치　42
2. 스크린의 질서　55
3. 고정된 신체의 자본주의　68

1. 감시받는 세계　80
2. 초개인화된 삶　92
3. 생성형 인공지능의 전환점　103

1. 관계의 새로운 경제　120
2. 원격 관계의 보편화　129
3. 타자의 증발　136

1. 자기다움의 피로　150
2. 인류의 '식물인간화'　158
3. 사기적 담론들　168

185

193

서론. 도래하는 현재

유령의 길

종소리가 자정을 알린다. 바다가 내려다보이는 낭떠러지 위, 성은 짙은 안갯속으로 사라진다. 얼음장처럼 찬 공기에 몸을 떨던 세 남자가 망대를 마주한 채 최근 본 허깨비에 대해 이야기를 나눈다. 성난 파도, 바람, 까마귀 소리가 한데 섞여 귀청이 떨어져나갈 것만 같은 밤이다. 어디선가 연기 같은 형체가 또 불쑥 나타나더니, 승하한 덴마크 선왕의 아들 햄릿에게 자기 명령에 따르라고 명한다. 햄릿의 친구 허레이쇼Horatio와 병사 마셀러스Marcellus는 경계하지만 햄릿은 유령의 명령에 따라 외딴 곳으로 발걸음을 옮긴다. 둘만 있게 되자 유령은 자신이 '아버지의 혼령'이라 밝힌다. 이야기인즉슨 자신이 정원에서 낮잠을 자다가 죽게 된 건 독사에 물려서가 아니라, 친형제 클라우디우스Claudius왕이 양쪽 귀에 독약을 넣었기 때문이며, 끔찍한 고통에 몸부림치다가 결국 목숨을 잃었다는 것이다. 이성을 잃은 햄릿은 애써 냉정을 되찾으려 하며 사건의 전말을 제대로 이해하고자 한다. 유령이 그에게 해를 끼치려는 게 아니므로 유령의 말을 믿는 것이 옳다. 역모를 증언하고 아들에게 원수를 갚아달라 하기 위해 찾아오지 않았는가.

아우라에 둘러싸인 초자연적 존재가 하는 말은 햄릿에게 신뢰를 주었다. 게다가 아버지의 죽음은 엉뚱한 사건도 아니고, 이미 수차례 생각했지만 여러 이유로 덮어둔 일이었다. 아버지의 혼령이 비열한 역모의 전말을 알리자, 넋이 나간 햄릿은 사력을 다해 반드시 숙부 클라우디우스를 벌하리라 다짐한다. 그는 목적을 달성하려는 열망에 휩싸여 진실을 만천하에 알리고, 왕위를 찬탈한 군주가 실수를

범하게끔 작전을 꾀한다. 근대 서양 연극의 가장 큰 비극은 유령이 인간에게 메시지를 전한 데서 비롯되었다. 인간이 이 메시지를 듣고 그에 따라 움직여서 자신의 인생만이 아니라 역사의 흐름까지도 바뀐 것이다. 유령이 끼어들지 않았다면 《햄릿》도 없었을 것이고, 클라우디우스왕의 폐위로 이어지는 박진감 넘치는 일련의 사건들도 일어나지 않았을 것이다.

1601년 무렵 초연된 후 수없이 재연된 윌리엄 셰익스피어의 이 작품은 권력에 대한 욕망, 사랑의 고통, 존재의 덧없음이 뒤섞인 독보적인 형이상학 차원 덕분에 타의 추종을 불허하는 명성을 얻었다. 그로부터 400년이 흐른 오늘날에도 부지불식간에 완전히 다른 방식으로 곳곳에서 변주되곤 한다. 이 변주의 주체는 덴마크의 엘시노어성에서 몸과 마음을 다해 분투하는 용맹하고 끈질긴 위인이 아니라, 그보다 더 평범한 우리이다. 우리가 사는 세계에서 이 유령들은 악의에 가득 차서 우리에게 가야 할 길을 알려준다. 유령들은 특별한 경우에만 나타나는 게 아니라 쉼 없이 계속 나타난다. 이 유령들의 인도를 받은 우리는 어느새 《햄릿》에 나오는 군중이 되고, 밤낮으로 쏟아지는 알림에는 반응하면서도, 매우 중요한 메시지에는 반응하지 않게 되었다. 그것도 전 지구적 차원에서, 기계적인 버전으로 말이다.

아이햄릿iHamlet*

인류 역사에 획을 그은 날이 있다. 그러나 그날은 집단 기억에 남지도 않았고, 학교 교과서나 대학 교재에 언급되지도 않는다. 철학자 발터 벤야민Walter Benjamin은 "역사를 쓴다는 것은 날짜에 외양을

---

* 아이폰으로 상징되는 인공지능 유령에 의존하느라, 스스로 고뇌하고 결정하는 인간 본연의 모습(햄릿)을 잃어버린 현대인을 지칭하는 표현이다.

부여하는 것, 사건 하나하나에 진정한 얼굴을 부여하는 것"이라고
말했다.[1] 그의 말을 이해하려면 (특히 최근에 발생한) 사건이 어떤 점에서
기존의 진부한 질서를 눈에 띄게 대체하였는지를 이해해야 한다.

　　　2007년 1월 9일, 샌프란시스코 모스콘센터에서 열린
맥월드Macworld 콘퍼런스의 한 강연실을 꽉 채운 인파가 기대를
한가득 안고 그를 기다린다. 애플의 창립자 스티브 잡스Steve Jobs가
그 유명한 **기조연설**에서 "모든 것을 바꿔놓을" 혁신을 발표한 날이다.
당시 그 누구도 이 표현이 얼마나 적절한지 가늠조차 할 수 없었다.
아이폰이라는 도구가 전 세계를 완전히 새로운 시대로 이끌 것을
몰랐으니 말이다.

　　　아이폰은 전례 없는 세 가지 기능을 제공했다. 첫째, 이론적으로
시공간의 제약이 없는 인터넷 연결이다. 둘째, 사용자와 기기를
일체화하여 육체적 연결성을 확보하는 터치 인터페이스이다. 셋째,
사용자의 위치를 연동하는 GPS이다. 하지만 이 기능들보다 더
결정적인 점은 여기에 설치되는 애플리케이션들이 핸드폰 크기에
맞게 축소된 웹페이지를 보여줄 뿐만 아니라, 어떤 상황에서든 가장
적절한 행동을 알려준다는 점이었다. 종국에는 우리의 모든 일상에
관여하겠다는 야심이었다. 당시 광고 슬로건이 "(거의) 모든 것을 위한
앱"일 정도였다. 이제 우리는 더 이상 혼자가 아니다. **훌륭하고 사려
깊은 안내가 삶에서 가장 적절한 행동을 책임질 테니 말이다.**

　　　인간의 삶을 무한히 밝힐 유령 군단이 우리 손에 쥐어졌다. 이
유령들은 계속해서 소리를 울리고 진동하며 스크린을 번쩍이고 매우
친절한 각종 알림으로 우리를 방해한다. '무엇을 도와드릴까요?'라며
정성을 다하는 유령들은 몇 년 전부터 우리에게 큰 소리로 말을
걸어왔다. 셀 수 없이 많은 유령들이 거의 매 순간 인간을 보조하는

조수로 탈바꿈한 것이다. 잡스의 아이폰이 이토록 엄청난 단절rupture*을 가져온 것은 2000년대 중반 인공지능이 급작스럽게 발전한 덕분이기도 하다. 인간의 인지능력을 훨씬 뛰어넘는 속도와 자칭 더 높은 신뢰도를 지니고 현실에서 점점 더 많은 영역을 분석할 수 있게 된 것이다. 게다가 분석을 통해 이런 식보다는 저런 식으로 행동하는 편이 낫다고 조언까지 할 수 있게 되었다. 각자가 취해야 할 옳은 방향을 제시하라는 어려운 임무를 부여받은 시스템이 대량으로 도입된 결과이다. 이로 인해 이른바 **신토**神道 **알고리즘**이 부상했다. **신토**란 일본어로 '신들의 길'을 뜻하는데, 이 신들은 혼으로 나타나 우리가 요청하는 대로 보호와 도움을 주면서 삶을 보살펴준다고 한다.**2**

　　　이렇게 하나의 경제 모델, 더 넓은 의미에서 사회 모델이 구축되고 있다. 이 모델은 일반화된 자동 최적화 체제의 등장에 힘입어 모든 인간과 사물의 간극을 급속도로 소멸시킨다. 상업, 노동, 교육, 여가 등 모든 영역에서 필요나 욕망을 추정하고, 최대 적합성의 원리를 통해 이에 부합하는 제안이 끊임없이 매칭된다. 이러한 로직은 스마트폰 차원을 훌쩍 넘어 끊임없이 정교해지며 상용화되고 있다. 하지만 여기에도 틈이 있다. 유령들의 목소리를 언제나 끝없이 듣고만 있을 수는 없으며, 어느 시점에는 반드시 그들의 관심에서 등을 돌려야만 한다는 점이다. 우리 삶은 단순하지 않고 층위가 입체적이고 묵직한 만큼 하나의 명령만으로 환원될 수 없기에, 일종의 신호 단절은 종종 불가피하게 발생하기 마련이다. 그래서 유령들은 공백이 생기는 근원을 없애는 방법을 연구하는 임무를 부과받았다. 그러나 문자 그대로 어느 비상한 사건이, 아무 예고도 없이, 순전히 역사적 우연

* 저자는 기존의 인식적 틀로는 설명할 수 없는 상황을 '단절'이라고 일컫는다.

속에서, 이 임무를 실현하리라고는 유령들은 물론 그 누구도 예상하지 못했을 것이다.

머나먼 존재들

어느 지진이 세계의 다섯 개 대륙을 차례차례 흔들었다. 2020년을 앞두고 정체불명의 병원균이 전파되자 하루아침에 새로운 정책이 도입되었고 아침에 해가 뜨는 것처럼 당연했던 일상 행위들은 흔들렸다. 사람들은 자유로운 이동을 금지당하고 필요한 기간만큼 집에 격리당했다. 이 세계는 근대를 거치며 매우 고도화된 기술을 통해 현실의 불확실성에 대처하려 애써왔으나 순식간에 모래성처럼 무너졌다. 우리는 내면에 가장 깊이 숨겨두었던, 아마도 막을 수 없었을 취약성이 귀환하는 모습을 속수무책으로 지켜볼 수밖에 없었다. 우리는 본질적인 조건에서 벗어나려 많은 시도를 했지만 그 조건이야말로 우리의 진정한 본질, 즉 근본적인 취약성을 드러내는 잔인한 아이러니를 보여주었기 때문이다. 우리는 마치 강력한 펀치를 맞은 권투선수처럼 의식을 잃고 녹다운되어 고꾸라졌다. 평소 미친 듯한 속도로 흘러가던 개인과 공동체의 일상은 갑자기 멈췄다. 그 결과 뜻밖의 현상이 서서히 나타났는데 당시에는 이것이 팬데믹이 사회와 문명에 불러오는 주요 영향인지 알아차리지 못했다. 즉, **우리 존재를 구성해온 수많은 삶의 시퀀스**séquence*들이 갑작스럽게 확장되어, 오직 픽셀로만 이루어진 환경 속으로 옮겨가게 된 것이다.

노동, 학교 교육, 대인 관계, 의료 진료, 소비재 구매, 문화 콘텐츠 접근(영상 플랫폼에서 영화와 시리즈물 시청이 매우 증가했을 뿐만

---

* 특정한 맥락에서 일련의 사건들이 연속적으로 전개되고, 사건 간 상호 관계 속에서 의미가 생성되는 흐름을 의미한다.

아니라, 변화된 방식으로 콘서트와 연극 상연, 박물관 '견학' 등이 진행되었다)부터 '랜선 술자리', 산업 박람회, 정상회담에 이르기까지, 스크린을 사이에 두고 많은 일상이 온라인에서 이루어지기 시작했다. 우리는 삶의 흐름flux과 디지털 흐름의 혼재라는, 불과 몇 주 전만 해도 상상할 수 없었던 사건들을 충격 가운데 목격하면서도 한편으로는 거의 당연시했다. 역사적 단절을 겪는 와중에도, 새천년 이래 다양한 목적을 달성하기 위해 단말기에 끊임없이 의존하는 습관이 깊숙이 배어 있었기에 느끼는 복합적인 감정이었다. 인류는 순전히 유령 같은 분위기에 매몰되어 있었다. 수십 년 전부터 노동 분야를 중심으로 심화된 극히 비인격적이고 심지어 탈육체화된 양상들, 예컨대 도시의 익명성 심화, 스크린을 매개로 하는 인간관계의 보편화, 개인화된 행동의 심화, 자기 세계 속 고립, 타인 불신 등을 벌거벗은 진실 그 자체로 볼 수 있게 된 것과 같았다. 텅 빈 거리와 형체 없는 환영들이 끊임없이 출몰하는 집에서 이 에토스ethos는 아주 명확한 형체를 띠게 되었으며, 이로써 우리가 유령 사회에 살고 있다는 인식은 그 어느 때보다 확고해졌다.

4차원 궤도 진입

　　고급 가구와 타오르는 벽난로가 있고 널찍한 방을 통창이 빙 둘러싸고 있으며 창밖으로 호수와 나무, 설산이 보인다. 2021년 10월 28일, 페이스북 창립자이자 최고경영자인 마크 저커버그Mark Zuckerberg는 이 방의 한가운데에 서서 사전 녹화한 영상을 통해 회사의 전략적 방향 전환을 발표한다. 회사 이름은 '메타Meta'(고대 그리스어로 '저 너머'라는 뜻)로 바뀌었다. 저커버그는 일상생활에서 원격으로 수행될 수 있는 활동의 범위를 끊임없이 확장하는 기술 환경을 구축하여 인간 삶의 새로운 시퀀스를 열고자 한다. 사용자가 인식한 환경 속에 실제로 존재한다는 착각을 불러일으키는 과정을 개발하고, 우리를 대신하는 합성 캐릭터 아바타와 '가상 현실' 헤드셋을 이용하면 타인은 물론 세상과 상호작용할 수 있다는 것이다. 이미지와 소리가 조작된 풍경에는 머지않아 **전용** 센서와 장치를 통해 인공적 촉각과 후각이 전달될 것이다. 지금까지 어떤 행동을 할 때는 공간에 참여하고 일정 시간이 소요되며 세계를 구성하는 요소들 및 타인과의 감각적sensible* 관계가 수반되었다. 이제 그의 궁극적 목표는 삶의 거의 모든 영역에서 프로세서와 픽셀만을 **통해** 행동할 수 있게 되는 것이다.

이는 팬데믹으로 우리의 일상이 급격하게 변화한 이후 무궁무진한 부를 채굴할 새로운 경제적 지평, 즉 **원격 지평**을 열 수 있는 역사적 기회이다. 하지만 아무나 이를 선포할 수는 없다. 미래를 구성할 토대까지 통찰하는 선구안은 물론 세상에 영향력을 행사할 수 있는 수단을 가진, 한 손에 꼽을 정도로 극소수의 선택받은 자들만이 이를 선포할 수 있다. 이런 이유에서 저커버그는 **세계를 메타버스라는 궤도에 진입시킨다**는 '공식 선언'을 할 특권을 스스로에게 부여했다. 마치 현시대의 신탁처럼, 완벽하고 멸균된 '저 너머'에서 우리에게 말을 걸듯이, 이 밀랍인형 같은 얼굴의 남자는 임박한 새로운 시대에 선한 프로젝트들이 무수히 생겨나고, 인간관계는 다시금 활기를 띠게 될 것이라고 확신에 찬 설교조로 이야기한다. "역사에는 언제나 새로운 장이 열립니다. 저는 우리가 지금까지 이룩한 것들을 자랑스럽게

---

*   '감각la sensation' 또는 '감각적인 것le sensible'은 '현실' 세계에서 '신체'를 접촉하여 '직접' 경험되는 것을 의미한다. 스크린 등의 매개체를 통한 가상 세계 체험이나 상호작용은 감각적 경험이라고 해석되지 않는다.

생각하며, 다가올 것들에 대해 열광합니다. 왜냐하면 오늘날 우리는 가능성의 저 너머, 스크린이라는 제약의 저 너머, 거리와 물리적 한계의 저 너머, 서로가 서로에게 존재하고 새로운 기회를 창출하며 새로운 체험이 가득한 미래로 나아가고 있기 때문입니다. 미래는 우리의 상상보다 훨씬 더 멀리 나아갈 것입니다!"[3]

　　이 말을 황당무계한 감상이라거나, 앳된 인상의 세계적 인물의 변덕적이고 엉뚱한 발언이라고 비웃는다면 오산이다. 왜냐하면 우리 앞에서 이토록 열성적으로 미래를 예언하는 자는 세계에서 가장 영향력 있는 기업들, 막대한 시가총액을 자랑하며 해를 거듭하면서 이 사업에 수십억 달러를 투자하는 기업들 중 하나의 수장이기 때문이다. 저커버그의 굳건한 의지는 결코 공상적인 헛소리가 아니며, 이 비전에 실체를 부여하고자 한다. 이미 어떤 과정은 분명 시작되었고 10년 후 모든 면에서 완전히 구체화될 것이다. 이런 점에서 기업과 국가, 우리 모두는 (저커버그가 주역 중 한 명이 되고자 하는) 고무적인 문명 전환 실현에 당장 참여해야 한다. 인류를 4차원으로 쏘아올릴 문명 전환, 더 정확히 말하자면 **디지털 기술사의 네 번째 시대**를 여는 그 전환에 말이다.

우리는 어디에서 왔는가

　　전 세계가 연결되면서 일상과 사회에 점점 더 많은 영향을 미친 역사는 몇 단계로 나눌 수 있다. 이 연결망이 보편화된 첫 번째 단계는 초기의 군사·학술 목적으로 실험이 이뤄지고 30여 년이 흐른 뒤 1990년대 후반 인터넷이 본격적으로 대중화된 시기이다. 개인용 컴퓨터 스크린을 통해 방대한 양의 웹페이지를 열람할 수 있었고, 개인과 기관은 물리적 거리에 상관없이 비교적 저렴한 비용으로 원활히 소통할 수 있었다. **접속의 시대**가 시작된 것이다. 여기에는 특이하기도 하지만 생각해보면 혼란스러운 점이 하나 있다. 이 새로운 테크놀로지*와 경제의 부흥에 힘입어 막대한 비용 투입 없이도 하루아침에 개인과 기업의 생활이 편리해지자, 인터넷이 공공서비스 나아가 선의의 임무를 수행하는 것처럼 여겨지게 된 것이다. 두 번째 단계는 2000년대 중반 사용자가 단순히 문서를 열람하는 데 그치지 않고, 인터넷 세상에 참여하는 기능이 등장한 시기이다. 이때부터 블로그를 통해 쉽게 글을 쓰거나, 언론 기사에 댓글을 남기듯이 '콘텐츠'에 태그를 달 수 있었다. 이와 동시에 소셜 네트워크가 확산되면서 개인이 자기 자신을 표현하거나 공개적으로 의견을 표명할 수 있게 되었다. 바야흐로 웹 2.0의 도래였다. 이제 사용자는 단순한 관객이 아니라 크고 작은 콘텐츠를 생산하는 참여자의 역할도 수행하게 되었다.

세 번째 단계는 2000년대 중반에서 불과 몇 년밖에 흐르지 않은 2007년, 아이폰이 완전히 새로운 기술·경제적 논리를 도입한 시기이다. 이 논리의 핵심은 **우리 일상에 소위 가장 알맞은 제품과 서비스를 개인 맞춤형으로 자동 추천하는 기능**이었다. 이후 이 기능은 계속해서 개발되고 확장되었다. 2011년에는 (애플이 1년 전 인수한) 디지털 개인 비서 시리Siri가 출시되었는데, 그 장기 목적은 어떤 상황에서든지 우리를 안내하는 역할을 수행하는 것이었다. 2016년 스마트 스피커가 등장하자 이 기능은 더욱 높은 완성도를 보였다. 아주 사소한 질문에도 상냥하고 또렷한 음성으로 대답할 수 있게

---

*   본문에서 la technique는 '기술', la technologie는 '테크놀로지'로 번역했다. technique는 개별적인 기술(공법, 기법)을 뜻하는 한편, technologie는 여러 technique들을 이론화한 총체적 시스템으로, 정보통신기술처럼 산업적이고 현대적인 분야에서 주로 사용된다.

된 것이다. 하지만 이 기술 뒤에는 여전히 모종의 속셈이 있었다. 우리의 선택이 다른 누군가의 이익을 위하도록 은근히 유도하려는 속셈이었다. 그로부터 10여 년 만에, 선의의 보호자처럼 보이는 얼굴을 하고서 우리 삶에 **알고리즘을 구축**하려는 고도로 정교한 장치들이 연달아 개발되었다.

유빅**

　　보건 위기로 인해 수차례 내려진 봉쇄 조치는 신체는 비교적 고정된 상태로 두게 하고 앞서 디지털 기술의 세 단계에서 탄생한 기능들의 사용을 더욱 증가시켰다. 사람들은 웹페이지를 둘러보고, 이메일이나 문자를 전송하고, 댓글을 쓰거나, 제품·서비스·영상 등의 추천을 받는 일을 자연스레 반복했다. 게다가 평소와 달리 길어진 화상회의가 매일같이 반복되면서 스크린 너머로 여러 명의 대화 상대를 볼 수 있게 되었다. 이 시퀀스는 17세기 프랑스 고전극의 삼일치 법칙을 놀라울 정도로 잘 구현하는 듯했다. 즉, 시간, 장소, 행위를 통일한 것이다. 또한 **물리적으로는 부재하지만 현장 및 타인과 관계가 이뤄진다**는 점에서 전례 없는 에토스가 출현한 것이기도 했다. 몸이 빛의 속도로 순간 이동하듯 어디에나 존재하는 현상이었다. 세상을 구성하는 각각의 요소는 더 이상 분리되지 않는 듯했고, **디지털 범신론**이라고도 부를 수 있을 만한 현상이 지배했다. 시간과 공간은 부차적 차원으로 밀려나고, 이론적으로는 한 요소가 다른 어떤 요소와도 순간적으로 접촉할 수 있는 매트릭스에 인류가 흡수된 것 같았다.

**　　**필립 K. 딕Philip K. Dick의 공상과학 소설의 제목으로, 유빅Ubik은 '어디에나 있는'을 뜻하는 라틴어 ubique에서 유래했다.

어떻게 영화 〈매트릭스Matrix〉 4부작이 떠오르지 않을 수 있겠는가? 1999년 개봉한 제1편은 인간이 실제 현실이라고 믿던 세계의 실체가 실은 상위 인공지능이 전산으로 만든 시뮬레이션에 불과했으며, 그 목적이 인체에서 생성되는 전기에너지를 착취하고, 무자비한 지배 체제에 인간을 은밀히 종속시키기 위한 것인 먼 미래를 그려냈다. 완전히 인공적인 세계라는 점이 다르기는 하지만, 영화 속 인물들은 마치 플라톤Platon의 《국가》에 나오는 동굴의 비유처럼 탈육체화되고 환영만이 존재하며 인간을 종속시키는 세계에서 살아간다. 그러나 이는 꽤 성급하고 잘못된 비유일 것이다. 워쇼스키Wachowski 형제의 디스토피아적 허구에서는 전능하면서 우리가 포착할 수 없는 힘이 인간을 조종하기 때문에 세상이 시뮬라크르Simulacre라는 사실조차 인식하지 못하기 때문이다. 그런데 현재 형성 중인 4차원은 이와 정반대이다. 이 환경에서는 우리는 원하는 바를 아무런 저항도 지연도 없이, 거의 아무 노력도 하지 않고 실현할 수 있기 때문이다. 적어도 겉으로 보기에 강제적 차원은 전혀 없는 듯하다. 우리는 각자의 필요와 바람, 더 나아가 알고리즘의 제안에 따라 마법처럼 사람과 사물 앞에 즉시 존재할 수 있게 되었으니, 말 그대로 양자역학의 세계에 들어선 것이나 마찬가지이다. 2000년대 초부터 집중적으로 이루어진 양자 컴퓨터 연구가 가속화하면서, 결국 우리는 유클리드 공간의 물리적 제약에서 해방되고* 매 순간 욕망과 현실을 혼동하는 분위기에 빠질 것이다.

이 풍경을 자세히 들여다보면, 우리의 삶은 마치

---

* 유클리드 기하학에 기반한 3차원적 물리 공간 개념에 따르면, 한 존재는 동일한 순간에 여러 위치를 점유할 수 없다.

마술환등극fantasmagorie**에서 펼쳐지는 것만 같다. 소위 최고의 일상 관리를 장담하는 메커니즘에 이끌려, 일상생활에서 받아들일 수 있으리라고는 상상조차 할 수 없는 논리에 따라 작동하고 있기 때문이다. 이러한 맥락에서 2020년 초부터 **디지털 통합주의** 시대가 떠오르고 있다. 점점 더 많은 삶의 영역에서 완벽하게 일상의 흐름이 유도되는 상황을 목격하는 것이다. 사회는 모두가 최고의 편익을 누린다는 약속하에, 끊임없이 최적화되고 불확실성에는 덜 노출된 미래, 점점 더 정교해지는 인공지능 시스템이 관리하는, 픽셀로 둘러싸인 멋진 신세계로 나아간다. 2010년대 초부터 시작해 계속 확대되고 심화된 과정이 마침내 본격적으로 떠오르는 것이다.

광란의 시대***

　　디지털 경제e-economy가 여러 시행착오를 겪고 나서 약 10년이 지난 이 시기에는 황금알을 낳는 거위와도 같은 모델인 **데이터와 플랫폼 기반의 경제**가 본격적으로 활용되기 시작했다. 테크놀로지가 인간의 행동을 해석하고 권고까지 할 수 있게 되자 전대미문의 새로운 체계가 출범했다. 이 체계는 소비자의 필요와 바람에 소위 가장 적합한 매칭을 제안했다. 그 결과 자본주의는 더 이상 수요와 공급의 영원한 간극에 고통받지 않고, 마케팅이나 광고 등의 다양한 전략을 동원하지 않아도 되도록 변모했다. 이제 자본주의의 임무는 상품과

** 　18세기 말부터 영화가 출현하기 전까지 유럽에서 인기를 누린 영상 매체.
*** '광란의 20년대'라고 불린 미국의 1920년대를 말한다. 당시 미국은 전쟁 특수 및 산업 고도화로 여러 기업체가 탄생하며 세계적인 경제 호황기를 누렸다. 인공지능 분야로 자금이 집중되며 기업체가 우후죽순 생겨난 2020년대를 1920년대에 비유했다고 볼 수 있다.

서비스를 팔기 위해 안간힘을 쓰기보다는 우리의 일상에 공감하고 그 흐름에 녹아드는 것이 되었다. 알고리즘이라는 X선으로 우리의 마음을 스캔하고, 클릭 한 번이면 모든 열망을 충족할 수 있다고 제안하면서 말이다. 이 도식을 넘어서는 다른 대안은 없어 보였고 (이론적으로는 소비자든 기업가든 누구든지 이용할 수 있다는 점에서) '포용적'으로 느껴졌다. 삶을 단순하게 해줄 새롭거나 충동적인 아이디어에 자본이 한없이 투입되었고, 정치인들은 시대의 난제를 해결해줄 만병통치약이라는 약속에 매혹되었다. 앞서 언급한 '디지털 혁신'은 바로 이런 배경에서 급속도로 성장했다. 전 세계 스타트업 창업자들이 '세상을 더 나은 곳으로 만들겠다'는 실리콘밸리식 만트라를 입 모아 얘기한 것도, 이 디지털 혁신에 대한 야심 때문이었다.

　　　　이는 근대에 들어 산업 공정이 오로지 이윤만을 추구하는 것을 넘어 문명적 프로젝트에 관여한 최초의 사례이자, **어디에서나 끊임없이 최고의 시장을 만들겠다고** 공공연하게 선언한 사례이기도 하다. 국가도 아니고 흡혈귀 같은 독점 기업도 아닌 몇몇 과점 기업들[GAFAM: Google, Apple, Facebook(현 Meta), Amazon, Microsoft]을 주축으로 거대한 힘이 형성되었고, 수많은 대기업과 곳곳에서 생겨난 '신생 기업'들이 그 뒤를 좇았다. 이 움직임은 심화하며 전 지구적으로 승리를 거두었다. 철학자 안토니오 그람시Antonio Gramsci가 '사상의 전투'가 치러지고 '문화적 헤게모니'가 자리 잡기까지의 시간으로 정의했던 '권위'의 공백기는 고루한 개념으로 밀려났다.**4** 이 거스를 수 없는 이데올로기·산업의 흐름은 몇 년 사이 대세가 되었고, 성공을 거두고 시대와 충돌하지 않으려는 사람이라면 반드시 따라야 하는 모델이 되었다. 이익을 실현하고자 한다면 다른 철학이나 조직 원칙은 낡아빠진 것이라고 신랄하고 뻔뻔하게 폄하해도 된다고 믿었고, 그 결과 다른 목소리들은 전근대적 유물로 치부되어 역사의 뒤안길로 내던져졌다. 선량한 얼굴로 종교적 사명을 수행한다고 주장하는 이 군단에 더 이상 그 무엇도 그 누구도 맞설 수 없었다. 끊임없는 프로파간다와 교묘한 유혹 뒤에 가려진 움직임이 실상 삶의 많은 방면을 파괴한다는 사실이 밝혀지기까지는 오랜 시간이 걸렸다.

블랙박스

　민주주의 사회이든 전체주의 사회이든 사각지대에 가려 보이지 않던 요소들이 드러나는 순간은 찾아오기 마련이다. 장막은 필연적으로 걷히고, 이미 마주하고 있었음에도 보려 하지 않았던 현실, 너무도 눈부신 조명이 눈멀게 했기에 볼 수 없었던 현실의 대부분이 드러난다. 화려한 이미지, 정형화된 담론, 안일하게 떠도는 이미지들 이면에 감춰졌던 것, 즉 삶의 모든 영역에 개입하며 지속적으로 삶을 상품화시키려는 야심, 기존 구조에 대한 건방진 경멸, 경영 방식의 냉혹함이 포착되기 시작했다. 대표적인 예가 '전자상거래'의 원활한 운영을 뒷받침하는 물류 창고의 경영 방식이다. 노동자들은 살과 피로 만들어진 로봇으로 전락해 살인적인 작업 속도에 시달리고 있다. 배달 노동자들이나 차량 공유 서비스 운전자들이 따라야 하는 관행도 마찬가지이다. 여기에 골목 상권이 입은 타격, 불공정한 거래 관행, 조세 회피 기술, 교묘하게 설계된 스크린 중독까지 더해진다. 불미스러운 사례는 한없이 많지만, **블랙박스**에 저장된 영상처럼 최근까지도 대다수의 사람들은 이를 무시하기에 바빴다. 인격을 훼손하는 행위나 불법적인 행위와 연관된 폭로 및 스캔들이 수없이 등장하면서, 눈부시게 아름다워 보였던 신부의 정체는 하나하나 벗겨졌다. 이러한 사례가 반복적으로 쌓이면서 섬뜩한 장면들로 이루어진 그림이 드러나자, 사람들은 각성하고 나섰다. 그 누구도 끊임없이 유혹하고 명백한 사실을 부정하며 때로 공개적으로 반성하는 척하다가 카메라가 다른 곳을 비추자마자 예전으로 돌아가기를 계속 반복할 수는 없다. 인간의 순진함에도 한계가 있기 때문이다.

　　페이스북이나 구글처럼 세계적인 대기업 내부에서도 이런 각성이 확산되기에 이르렀다. 각종 부당 행위를 목격한 직원들이 이를 공개적으로 고발하기 시작한 것이다.**5** 수많은 직원들은 뒤늦게 깨달았다. '유니콘 기업'이나 스타트업이 마치 개인의 자기표현을 장려하고, 유기농 구내식당, 탁구대, '젠더 중립' 보육 시설 등을 자유롭게 제공하는 것처럼 미화되었지만, 혹독한 노동 환경을 영원한 가든파티로 위장한 것이었다는 사실을 말이다. 2020년을 기점으로 실리콘밸리는 최초의 대위기를 겪고 있다. 더 넓은 의미에서는 '테크 업계' 전체가 **디지털 백래시**에 직면했다고 해도 과언이 아닐 것이다. 특히 가장 젊은 세대는 이를 환멸과 '의미 상실'로 받아들이며, 오늘날 순전히 효용주의적인 직업들이 사회조직을 와해할 뿐만 아니라, 개인적·집단적 차원에서 에너지를 과도하게 소비하도록 하여 환경 파괴에 일조하고 있다고 지적한다. '디지털 혁신'에 대한 신념은 더 이상 존재하지 않으며, 도취와 찬양은 저 멀리 사라진 듯하다. 전반적인 분위기가 상당히 침체되자 정치 지도자들은 도취에서 깨어나 더욱 신중한 태도를 취하게 되었다.

　　이제는 무언가 변했다. 이 움직임은 순식간에 돌풍이 불어닥친 것처럼 느껴지고 과도하다는 막연한 감정이 지배하기 시작했다. 하지만 동시에 이 메커니즘은 이미 우리에게 필수불가결한 부분이 되었고, **제2의 본성으로 자리 잡았다.** 봉쇄 기간 동안 도입된 사회 운영 방식을 통해 디지털 산업의 필수성을 확인하면서 이 생각은 더욱 확고해졌다. 현실 및 타인과 즉각적이고 수월하게 연결되고 생존할 수 있었던 것은 오직 디지털 산업 덕택이라 해도 지나치지 않는다. 1970년대나 1980년대처럼 이런 기술 구조가 없었던 시대라면 어땠을지 거의 생각해보지도 않을 만큼 우리의 일부가 된 것이다. 실리콘밸리 세력에게는 그들의 명성이 무너지기 시작하던 바로 그 시점이 오히려 '위대한 리셋'*을 실행하고, 어느 때보다도 원래의 입장을 고수하며, 모든 결함이 정화될 세계를 향해 나아가는 위대한 여정에 새로운 활기를 불어넣을 기회였다.

오직 위대한 전진뿐

불신이 점점 커져가지만 결코 포기하면 안 된다. 원인을 분석하고 자기반성에 나서서도 안 될 일이다. 혹 비판하더라도 그것은 몇몇 전문 컨설팅 회사에서 솜씨 좋게 작성한 문구를 그대로 가져다 쓰는 겉치레로, 실질적 영향력은 없다. 이 모든 것은 애초부터 치밀하게 짜인 커뮤니케이션 전략의 일환이었다. 그들은 회의 시간이면 로댕의 '생각하는 사람'처럼 기업적 사색가로 변신하여 말끝마다 '윤리'를 들먹인다. 최악의 상황을 막는 수사적 방패로 용어를 남용하는 것이다. 이는 착취를 배제하고 타인 및 환경과 조화를 이뤄 자아를 실현하는 것을 윤리라고 보았던, 위대한 윤리철학자 스피노자Spinoza의 관점과는 정반대에 있다. 비참한 자기학대적 사상으로 여겨지는 성찰의 관행은 이쪽 세계의 'DNA'에서는 찾아볼 수조차 없는 것이다. 그래서 이들은 정반대의 길을 선택했다.

이러한 논리를 강화하는 것, 이는 모든 고매한 진실이 그러하듯 당대의 부인할 수 없는 진실이다. 인간이 진리의 참된 뜻을 이해하는

---

* 세계경제포럼 회장 클라우스 슈바프Klaus Schwab가 2021년에 제시한 개념이다. 전 세계가 코로나19 대응 과정에서 경험한 변화를 바탕으로 사회·경제적 기반을 재건하고 지속 가능한 새로운 질서를 구축해야 한다는 주장을 담고 있다.

데에는 시간이 걸리기 마련이지 않은가. 그리고 이는 권력의 편이기도 했다. 어지러울 정도로 어마어마한 재원과 시가총액은 주기적으로 변동하지만 증가 일로에 있으니 말이다. 말로만 표출되는 불만은 부차적이고 중대한 영향을 끼치지 못하므로 이 메커니즘이 멈추는 일은 결코 없을 것이다. 우리 안의 습관은 너무도 뿌리가 깊고 시간이 갈수록 이 과정이 불가피하다는 것을 확증할 뿐이다. 20년 넘게 수많은 업적을 이룬 역사적 과업이 최종 단계에 진입하게 된 만큼 신념과 열정을 가지고 임해야 한다.

현시대의 명령

메타버스가 완전히 구축된 형태로 등장하는 날은 오지 않는다. 그 이유는 첫째, 메타버스는 특정 체계를 의미하기에 앞서 실존하는 현실, 즉 우리가 디지털 기술과 이미 맺고 있는 밀접한 관계를 보여주기 때문이다. 문자 그대로, 낮과 밤을 가리지 않고 우리 몸에 배어 있는 디지털 기술은 심지어 상냥함과 배려를 전달하려는 듯 설계된 목소리로 우리에게 말을 건다. 둘째, 메타버스는 무궁무진한 성장과 이윤 창출 흐름을 강화하고, 픽셀화된 현실 외에 스크린 밖의 모든 것을 금지하는 산업계의 야심과 동의어이기 때문이다. 이런 점에서 메타버스는 벽돌 하나하나가 빠르게 쌓여가면서 점차 윤곽을 드러내고 중요성을 더해가는 건설 현장이자 장기적으로 우리 삶의 근간을 거의 독점적으로 대표할 지평이다. 이 현상은 스마트폰이 보편화되고 인공지능이 진일보한 2010년대 초 싹트기 시작해, 2020년 전 세계가 대대적인 봉쇄체제에 돌입하면서 처음으로 뚜렷해졌다. 이후 다양한 분야에서 수많은 시도가 연이어 이루어졌다. 형태는 아직 초기 단계이지만 실제 운영과 실험을 오가는 베타 버전의 시도는 향후 중요한 참고 자료가 될 것이다.

업무 회의, 대학 강의, 쇼핑몰 구경, 부동산 임장, 패션쇼, 콘서트 등이 시뮬레이션 또는 영상 이미지로 구축된 환경에서 원격으로 '진행'되기 시작한다. 이는 거듭 사용할수록 완성도가 높아지는 과정, 즉 학습으로도 볼 수 있지만, 현재 방식이 어떤 수준이든 성배를 놓치지 않으려는 의지의 표현이기도 하다. 마크 저커버그가 전면적으로 메타버스 구축을 선포한 이후 의심과 실패가 뒤따랐음에도 불구하고 이미 강력한 움직임은 시작되었다. 경제적 생존, 경쟁에서의 유리한 위치 점유, 시장 선도를 위해서라면 메타버스는 물론, 대화형 로봇 챗GPTChatGPT나 이미지 생성기 미드저니Midjourney와 같은 '생성형' 인공지능 개발에 참여하는 것은 더 이상 선택이 아니라 정언명령의 영역이 되었다는 것이 지배적 통념이다.

이러한 결과는 다음의 세 가지 요인에서 비롯한다. 첫째, 고무적인 전망과 새로운 부의 기회가 무한히 퍼지고 있다. 둘째, '테크 업계의 예언자들'과 컨설팅 업체들이 주장하듯 이는 행복한 숙명이 예정된 길이다. 셋째, 남들도 다 하는 일이니 만사 제쳐두고 대세에 따라야 한다.6 거창한 약속, 투기를 부채질하는 기술·경제적 결정론, 집단적 모방이 이 메커니즘을 구성하며 **자기실현적 예언**을 낳는 것이다. 2000년을 기점으로 디지털 산업을 추동한 힘은 두 가지였다. 하나는 기적의 명약과 같은 새로운 **킬러 앱***을 만들고자 하는 부단한 노력이었다. 다른 하나는 '선점 효과'로, 열정과 과단성으로 무장한 채 역사라는 열차에 뛰어오르지 않는 자는 돌이킬 수 없는 손해를 본다는 도그마였다.

*   시장에 등장하자마자 다른 경쟁 제품을 몰아내고 시장을 완전히 재편할 정도로 인기를 누리며 투자 비용의 수십 배 이상의 수익을 올리는 상품이나 서비스.

이렇게 '다음 승부수'에만 의존하는 시장은 항상 불안정하며, 대기업이나 수많은 '스타트업'은 끊임없는 '파괴적' 혁신을 통해 투자금을 회수하고, 춘추전국시대와도 같은 난국을 타개하고 싶어 한다. 우리를 신경쇠약에 걸리게 할 것 같은, 본질적으로 정신질환적 특성을 띠는 경제인 것이다. 득의양양한 모습 뒤에는 과도한 흥분과 근본적인 불안이 자리하고 결코 휴식은 없으며 이 경제의 영향을 받는 사회 전체는 잠시라도 숨 돌릴 여유를 찾지 못한다.

이제 몸과 마음 모두, 알고리즘의 유도에 따라 유비쿼터스의 일상이 함께하는 엘도라도*로 모험을 떠날 시간이다. 고대 로마나 20세기 초 광기의 뉴욕처럼 오늘날에도 초대형 건설 작업이 진행 중이다. 하지만 이번에는 콘크리트, 금속, 유리가 아니라, 데이터 덩어리, 고속화되는 연산, 어디에나 존재하는 픽셀, 간단한 명령어(프롬프트)만으로 텍스트와 이미지를 생성하는 시스템으로만 이루어져 있다. 페이스북/메타가 신호탄을 울린 후, 메타를 제외한 다른 GAFAM 기업들 그리고 오픈AI OpenAI를 선두로 다양한 분야의 업체와 스타트업들이('땅'을 판매하는 디센트럴랜드 Decentraland나 더 샌드박스 The Sandbox 등의 플랫폼, 게임, 컨설팅, 일자리에 이르기까지 모든 산업군이 전면적인 픽셀화와 '일반화된 프롬프트주의'라는 신세계에서 수익을 창출하려 한다) 포석을 확보하려고 분주히 움직이고 있다. 각자는 인프라 분야의 핵심 주역을 목표로 하거나 인간 활동의 상당 부분을 이 유령 세계로 이주시키는 데 이바지하고 있다. 이 세계에서는 유령이 우리에게 지시를 내리기도 하고 반대로 유령이 텍스트, 이미지, 음악을 생성하도록 우리가 원하는 바를 지시할 수도 있다. 현재 진행 중인

---

* 모든 가능성이 현실화될 수 있는 이상적 공간을 뜻한다.

발전의 원동력을 이해하려면 몰입형 시스템의 점진적 구현과 함께
생성형 인공지능의 부상 과정을 분석해야 한다. 몰입형 체제와 생성형
인공지능은 서로 맞물려 우리의 몸과 마음을 기술·경제적 환경에
점점 더 가둘 것이고, 우리는 유령들의 안내를 받으면서도 그 유령들이
우리의 가장 사소한 욕구와 욕망까지 충족시키도록 지시하며 이 환경
안에서 계속 살아갈 것이기 때문이다.

아이언맨

현재 디지털 산업의 최우선 과제는 행위를 해석 또는 권고하는
자동화 메커니즘을 전면 확장하여 기술자유주의technolibéralisme의
형태를 완성하는 것이다. 약 15년 전부터 우리 삶과 점점 더
긴밀하게 연결되려고 애써온 이 사상은 곧 탯줄 같은 역할을 하게
될 것이다. 이는 20세기 초 근대 자본주의가 부상하면서 꿈꿔온,
생산자와 소비자의 간극을 줄이려는 환상과도 맞닿아 있다. 이를
위해 욕망에 불을 지피고 이를 쉽게 충족할 수 있도록 하는 다양한
전략이 사용되어왔는데, 주로 광고를 통한 유혹과 신용 접근성
향상이 동원되었다. 환상적인 쇼핑센터의 길고 긴 복도를 한없이
걸어다니면서 그 공간에 녹아든 것만 같다고 착각하게 될 정도였다.
상업적 영역은 멀리 있음에도 더 이상 별개의 실체가 아니라, 현실에
항상 존재하는 자연스럽고 분화되지 않은indifférenciée 공기처럼
여겨졌다. 새로운 기술·경제적 구조는 최소한의 탈출구조차 제시하지
않으면서도 겉으로는 전혀 그렇게 보이지 않는데, 어디에서나
반짝이는 불빛들로 우리가 편리하게 행동하도록 해주고, 무엇보다
타인과의 육체적 접촉을 최소화해 일상을 매우 안전하게 지켜준다는
인상을 준다. 게다가 우리는 자신이 세상의 중심에 있는 듯한 우쭐함도
느낄 수 있다. 이 시스템은 매 순간 이윤을 창출하는 동시에 점점 더

많은 공통 사안을 합리화한다. "모든 권력관계의 본질은 그 자체로 모습을 감추는 것이며, 그렇게 될 때에만 온전히 권력을 발휘한다"는 피에르 부르디외Pierre Bourdieu의 구절이 떠오르는 대목이다.**7**

그렇게 연산, 계량, 파라미터, 재가공, '설계'를 거친 생활 체계가 형성된다. 행동, 대화, 눈길(시선 추적), 심박수, 촉각 센서 반응, 감정 상태 등 우리의 행동 패턴을 분석해 거의 끊기지 않고 데이터로 전송할 수 있는 것이다. 그 목표는 생리적·심리적 정보를 수집하고 인공지능 시스템과 연동하여 매 순간 각 사람과 사물을 소위 알맞은 자리에 배치하는 **보편적 일치 알고리즘**을 구축하는 데 있다. **몰입적 고정 상태**는 역사에서 온갖 부산스러움이 지나간 후 잡음에서 해방된 완벽한 세계가 도래하는 조건이 되었다. 이처럼 인류의 퇴행기(혹은 태아기)와도 같은 상태를 구현하는 주체는 대부분 기업가와 엔지니어인데, 그들의 정신 상태는 영원한 후기 청소년(19~24세)과 다를 바 없어 보인다. 상당수가 비디오 게임이라는 젖병을 빨고 자랐기 때문이다. 우리는 이 상상계의 세대가 사회를 변화시키는 첫 번째 힘으로 코드라는 권력을 제시하면서 진행 중인 기술 발전의 방향을 유도한다는 사실을 인지해야 한다. 그들이 개인에게도 미치는 직접적인 영향으로 인해, 우리는 모든 것이 즉시 가능하고 더 이상 어떤 한계도 없는 것처럼 보이는(보통 비용이 발생할 뿐이다) 환경에서 살게 될 것이다.

이는 마블 같은 할리우드 스튜디오의 작품에서 등장하는 슈퍼히어로들의 세계와도 같다. 예컨대 〈아이언맨〉 3부작(2008년, 2010년 존 패브로John Favreau / 2013년 셰인 블랙Shane Black 감독)의 주인공 토니 스타크Tony Stark를 보자. 주인공으로 분한 로버트 다우니 주니어Robert Downey Jr.는 전자 칩, 센서, 내장된 소형 무기로 무장한 전신 슈트를 입고 헬멧 바이저의 터치식 인터페이스를 작동시키거나 음성 명령을 내려 초인적 능력을 멋지게 발휘한다. 이와 유사하게, 오늘날 우리 손에 쥐어지는 시스템은 자신의 삶을 원하는 대로 '모니터링'할 수 있다는 황홀한 인상을 준다. 심지어 시스템의 기술적 수준은 요청에 따라 텍스트, 이미지, 음악 등을 실시간에 가깝게 생성할 수 있을 정도가 되었다. 'Z세대'(1997년~2010년에 태어난 세대)와 '알파 세대'(2010년 이후 태어난 세대)는 이와 같은 기술적·문화적 환경에서 자랐을 뿐 아니라, 기존 세대보다 훨씬 더 나은 디지털 접속 환경에서 스마트폰으로 틱톡과 같은 플랫폼을 지속적으로 사용했다. 모든 구속에서 해방되고 무한히 증폭된 힘을 지닌 것처럼 보이는 플라스마 상태의 세계에 무비판적이고 자연스럽게 스며들 위험이 큰 세대인 것이다.[8]

　　우리는 알고리즘이 일상생활에 깊이 파고드는 에토스의 마지막 단계, 즉 인간 뇌에 칩을 이식하여 다시 신체를 '해방'시키려는 계획의 바로 전 단계에 와 있다. 루이 14세가 1656년 '대감금Grand Renfermement'을 명한 이후 1793년 의사 필리프 피넬Philippe Pinel이 비세트르 구빈원의 정신질환자들을 쇠사슬로부터 해방시켰던 것과 같다.[*9] 인간은 영혼 깊숙이 있는 '내면'에 이끌려 스마트글라스를 착용한 채, 그 경직된 틀에 따르지 않아도 될 것이다. 사실 진정한

---

*　　흉년과 기근으로 빈곤이 심화됐던 17세기 프랑스는 사회적 질서 재확립을 명분으로 거지, 부랑자, 미치광이 등을 구빈원에 격리하는 대감금 정책을 시행했다. 정신질환자는 치료가 아닌 통제의 대상이었기에 쇠사슬로 묶여 있었으나 18세기 말 계몽주의 영향을 받은 의사 피넬이 비세트르 병원장으로 부임하면서, 환자들을 치료하고 이성을 회복시킬 수 있다는 믿음을 지니고 이들을 쇠사슬에서 풀어주었다. 철학자 미셸 푸코Michel Foucault는 이 사건을 두고 신체적 격리와 탄압의 대상이던 미치광이가 정신적 치료를 받아야 하는 환자로 변모하였으나, 역설적으로 '정신질환자'라는 명칭하에 새로운 감시를 받게 되었다고 해석한다.

트랜스휴머니즘은 이것이다. 인체 장기를 합성 소재로 만든 인공기관으로 대체하는 것보다, 시공간과 관계 맺는 조건을 완전히 인공적인 환경으로 옮기는 것이야말로 인간과 기술을 끊임없이 그리고 훨씬 더 교묘하게 엮는 것이기 때문이다. 폴 발레리Paul Valéry는 1935년《지성에 대하여Le Bilan de l'intelligence》를 출간하며 "우리가 경험한 모든 개념이 뒤흔들리고 있다. 과학이 모든 것을 주도한다. 시간, 공간, 물질은 마치 불 위에 있는 듯하고, 범주들은 융합되고 있다"고 지적했다. 이 표현을 오늘날 다시금 새로이 고찰해야만 하는 결정적 이유는 두 가지이다. 첫째, 더 이상 "과학이 모든 것을 주도"하지 않고, 그 역할을 디지털·산업 복합체가 엄청난 속도로 수행한다. 둘째, "시간, 공간, 물질은 마치 불 위에 있는 듯하고, 범주들은 융합"될 뿐만 아니라, **우리 몸과 정신의 태곳적 소명이 필연적으로 존재의 기틀을 전면 재정의하는 일**이 무엇보다 먼저 그리고 역사상 처음으로 일어날 것이다.

고정된 신체의 시대

그중 첫 번째로 꼽을 수 있는 것은 바로 공간과의 관계이다. 이는 우리가 공간과 맺는 관계가 중력과 모든 입자가 서로 분리되어 존재한다는 물리적 한계를 전제한다. 이는 모든 유기적 존재가 이동성을 중심으로 조직되고 그에 필요한 속성들을 가진다는 사실을 드러낸다. 인간이든 동물이든 식물이든 상관없이 생물이나 무생물을 향한 움직임이 생명의 원리 그 자체를 결정짓는 조건이 된다. 욕구나 필요에 의해 추동되는 엘랑 비탈élan vital＊은 우리를 외부 세계로

＊   새로운 자기를 형성하기 위해 생명의 내부에서 분출되는 힘으로, 철학자
     베르그송Bergson은 이를 생명의 본질로 규정했다.

향하게 한다. 각 존재는 물론 세계사를 구성하는 역동성인 것이다. 이동은 주거지, 일터, 마을, 도시 내에서만 이루어지지 않는다. 인구가 이동하고, 대륙을 발견하거나 침략하며, 사람과 물자를 운송하듯이 이동은 다양한 차원에서 이루어진다. 이동은 좋든 나쁘든 인간 활동과 사회를 움직이는 원동력이다. 무위와 관성은 쇠퇴로 이어질 뿐이다. 20세기 부조리극을 대표하는 극작가 사뮈엘 베케트Samuel Beckett가 지은《승부의 종말Fin de partie》의 작중 인물들을 떠올려보자. 그들은 움직이지 못해 정신적으로 방황하고 생리학적으로 파멸을 선고받은 존재들이다. 그중 햄Hamm은 복수심에 차 있으며 불평불만이 많은 인물로, 클로브Clov에게 "아무것도 움직이지 않아", "집에 시체 썩는 냄새가 진동해"라고 말한다.**10** 병상에 너무 오래 무력하게 누워 있는 환자처럼 오래도록 고정된 상태는 결국 죽음으로 이어질 수밖에 없다. 우리는 본질적으로 움직이는 존재이기 때문이다. 근대는 이러한 본성을 끊임없이 이용해, 인간과 물자를 계속해서 이동시켜 경제 발전의 토대를 다지고 결과적으로 사회와 영토의 변화마저 이뤘다. 그러나 역사의 아이러니인지, 지난 20년간 이 과정은 정반대로 흘러갔다. 초기에는 잘 느낄 수 없었지만 오늘날 이는 분명한 형태를 띠게 되었는데, 바로 세계가 인간에게 다가오는 현상이었다.

이 움직임은 2000년대 초반 개인용 컴퓨터가 인터넷에 연결되고 '전자상거래'가 보편화되면서 대대적으로 시작되었다. 소비재 구매, 기차·비행기·공연 예약, 행정 업무 등 다양한 온라인 활동이 가능해진 것이다. 사회적 관습에서 거리는 점차 큰 문제로 여겨지지 않았고, 어떤 종류의 노력은 할 필요가 없어졌다. 몇 년 뒤 데이터 경제와 플랫폼 산업이 떠오르면서 이러한 에토스는 완전히 다른 차원을 맞이한다. 새로운 산업이 탄생한 것이다. 소비자는 태양왕처럼 유일무이하고 중심적인 지위를 누렸으며, 어디에 있든지 클릭 한 번이면 상품과 서비스를 즉시 손에 넣을 수 있었다. 예를 들어 어떤 종류의 물건이든 택배로 집 앞까지 배송되고 (소요 시간은 계속 단축되었다), 사용자가 있는 장소로 차량이 도착하며, 앱에서 영상을 시청하고 음악을 스트리밍할 수 있는 등 현실과 맺는 관계 중 상당 부분이 신체적 제약에서 해방되었다.

우리가 오늘날 분명히 발견할 수 있는 한 가지 사실은, 기술의 역사와 신체의 역사는 불가분의 관계에 있다는 것이다. 근대를 거치며 신체는 다양한 방식으로 자리매김했는데, 이는 주로 두 가지 목적에서였다. 첫째, 가장 적합해 보이는 조건에서 재화 생산과 민간·공공 서비스 운영을 체계화하기 위해서였다. 둘째, 시장 거래를 최대한 많이 촉진하기 위해서였다. 이를 위해 대중이 주어진 모든 자원을 사용할 수 있도록 적절한 이동 수단을 포함한 다양한 장치가 구축되었다. 현재 이와 정확히 반대되는 논리가 자리 잡았는데, 바로 **고정된 신체의 시대**이다. 이로 인해 우리는 모두가 이익을 얻을 것이라 믿게 된다(이는 일상의 디지털화로 인한 탄소 발자국 발생은 부정하면서, 통근 시간 단축, 편리한 재택근무, 사무 공간의 단계적 폐쇄를 통한 비용 절감 등의 환경적 이점을 내세우는 방식이다). 이와 같은 요인들로 결국 이 흐름은 더욱 공고해져만 간다. 또한 지난 20년간 그랬듯, 기술이 인간과 일체화될수록 우리의 신체는 점차 경직화되고 만다는 사실은 확실하다. 우리의 인지적·지적 능력도 같은 수순을 밟을 것이다. 가까운 미래에 생성형 인공지능의 사용이 보편화될 것이기 때문이다.

모든 한계의 폐기와 실시간성

칸트Kant가 정의했던 고전적 의미에서 경험의 또 다른 차원인 시간은 이제 점차 사라지고 있는 듯하다.* 수행하는 데에 많은 시간이 걸리지 않는 행위는 계속 증가하며, 삶을 결정하는 체제에서 이런 행위가 차지하는 비중은 감소한다. **실시간**이 시간의 자리를 대체한다. 실시간은 원래 정보 기술 분야 용어로, 시스템에 명령을 내린 후 실행까지 걸리는 지연 시간이 매우 짧아 인지할 수 없다는 개념이다. 예를 들어 키보드를 치면 곧바로 스크린에 해당 글자가 나타나면서, 완벽하게 동시 행위가 일어나는 듯한 착각을 불러일으킨다. 인식과 행동의 틀은 무한히 가속화되는 연산에 의존하며, 모든 중력으로부터 자유로워진 것만 같다. 어떤 욕구를 충족하기 위해 예전에는 시공간이라는 저항을 거쳐야 했지만 오늘날 이 욕구는 (앞으로는 손가락 터치나 육성을 거쳐 표현될) 명령이 즉시 수행되면서 사라질 것이다. 앞으로 어떤 욕구는 충족되는 것이 아니라, 무한한 선택지 중 단순히 하나를 선택하는 행위에 불과해지는 것이다.

　　　취향대로 원하는 것을 고르면 즉각 이루어지는 일상이 이어질 때, 이것이 정신에 미칠 영향이 어떨지는 쉽게 상상할 수 있다. 결국 한계라는 개념은 주변화될 것이다. 한계는 물리적인 현실과 본질적으로 불가분의 관계일 뿐 아니라, 도덕, 법, 인간관계를 지배하는 관습의 기반이기도 하다. 현실을 구성하는 모든 요소가 상황마다 '선호'에 따라 재구성되고 모든 바람과 충동이 프로세서를 통해 실현된다는 점에서 현실은 가상적 성격을 띠게 된다. 우리의 정신과 신체는 자율성을 잃고 계속해서 외부의 규약(프로토콜)에 결속될 것이다. 즉, 유례없는 의존성을 불러올 것이다. 이는 가장 끈질기고 교묘한 형태의 현대적 소외이다. 생계를 위해 자본주의적

---

* 　칸트에 따르면 인간의 경험은 시간과 공간이라는 선험적 감성 형식 안에서 주어진다. 저자는 현대 기술의 '실시간성'이 이러한 고전적 의미의 시간적 토대를 해체하고 있다고 지적한다.

기관과 종속 관계를 맺는 것이 아니라, 일상생활의 다양한 시퀀스에서 그저 살아가기 위해 형체가 불분명한 유대 관계를 맺는 것이다.

테크놀로지와 삶이 하나로 뒤섞이거나, 테크놀로지가 우리 삶의 본질을 지배하게 되는 것이다. 특히 베르그송의 생기론에서 영감을 받았다고 말하는 기술자유주의 논리가 사실은 생명체의 고유한 생성 원리인 우연성을 배제하고, 프로그래밍된 질서로 이를 대체하면서 우리의 삶은 마비될 것이다. 인간 조건은 신체·공간·시간을 비롯해 지성·오성***의 작용과 항상 불가분의 관계에 있었다. 하지만 오늘날 우리가 발견하는 것은 이 관계가 더 이상 불변하는 것이 아니며, 유전자나 생리적 구성보다는 존재 방식의 뼈대 자체가 변화할 수 있다는 사실이다.

철학과 윤리의 의무
인류학적 변화의 관점에서 우리는 마땅한 도구를 갖추지 못했다. 주어진 재현 방식과 범주는 현재 일어나는 상황을 파악하기에는 부적합하거나 기만적이다. 그 어느 때보다도 우리를 초월하는 무엇인가가 이해를 가로막는다. 지난 20년 동안 '디지털 혁신'은 끊임없이 앞으로 나아가야 한다는 당위를 내세우며 역동성과 성공을 좌우하는 유일한 금과옥조로 자리 잡았다. 그 명성은 날로 드높아졌고, 모세관 현상****을 통해 사회 전체에 **기준**을 제시하기에

---

* 칸트 철학에서 대상을 구성하는 능력을 말한다.
** 인구학자 아르센 뒤몽Arsène Dumont이 1890년 제안한 개념으로, 사회적·경제적 지위를 향상시키려는 개인의 욕망이 마치 모세관 현상처럼 사회의 상층을 향해 작동하며, 전체 사회구조의 역동성을 창출한다는 주장이다.

이르렀다. 실존하는 것은 부차적인 소여**＊＊＊**로 전락하고, 종종 시대에 뒤떨어지지 않았는지 의심받는 지경에 이르렀다. 미래의 생산은 향상된 기능과 탁월한 품질을 갖추리라는 전제하에 상징적 우위를 차지했다. 사람들은 불만족이 지속되는 상태를 개선의 지렛대이자 새로운 이윤을 창출하는 원천으로 여긴다. 언제나 다음 행보에 관심과 노력을 쏟고, 현재 진행되는 것들은 **사실상** 결함이 있으니 끊임없이 개선해야 한다고 여기는 것이다. 종교적 열정에 가까운 진보주의는 기업, 컨설팅 업체, 정치인, 고등교육기관인 그랑제꼴Grandes Écoles 등에 깊숙이 스며들었고, 그 광적인 리듬은 **탈동기화**désynchronisation **현상**을 초래했다.

　　　한쪽에는 자신의 논리, 이익, 세계관을 우선 관철시키려는 권력이, 다른 한쪽에는 이 변화를 그저 당연하게 받아들이는 무력한 사회가 있다. 결정적인 정치적·도덕적 쟁점이 여태껏 다뤄진 적이 없는 것이다. 1962년, 올더스 헉슬리Aldous Huxley의 말년에 한 기자가 이렇게 물었다. "사회가 과학자를 견인한다고 보십니까, 아니면 과학자가 사회를 견인한다고 보십니까?"《멋진 신세계Brave New World》의 저자는 이렇게 답했다. "과학자가 사회를 견인한다고 봐야겠지요. 어쨌거나 과학자가 피리를 불면, 사회가 춤추니까요." 이 발언을 오늘날 이렇게 재구성할 수 있을 것이다. "기술·경제 왕국이 삶의 틀을 규정하면, 좋든 싫든 사회는 여기에 순응합니다." 인간이 지닌 불행한 성향은 이런 과정이 이미 고착된 다음에야 각성한다는 점이다. 뒤늦은 깨달음이 무수한 단념과 퇴보로 이어지거나, 시간이 흐르고 만병통치약을 하나 생각해내도 실제로는 미봉책에 불과한 **사후**

＊＊＊ 연구의 출발점으로, 이의 없이 받아들여지는 사실이나 원리.

규제가 그것이다. 지금은 무기력한 성향에 기대지 않고 책임감으로 무장해 새로운 종류의 전쟁, 즉 **시간을 둘러싼 전쟁**을 벌여야 할 때이다. 이 전쟁은 우리가 현재의 속도에 팔짱만 낀 채 방관하지 않도록, 나아가 현재 형성되고 있고 나중에는 우리를 움직일 에토스가 사회 표준으로 자리 잡기 전에 우리가 먼저 그 에토스를 파악하도록 촉구한다.

임박한 현재

이러한 야심은 막연한 바람만으로는 결과를 기대할 수 없다. 방법론적 도구가 필요하다. 그리고 이것이야말로 현대 철학이 착수해야 할 과제이다. 이를 미셸 푸코의 말로 설명하자면 각자의 연구 분야에서 '현재를 진단하는 자'가 되어서,[11] 감춰졌지만 중요하다고 판단되는 사실을 밝히고 그들 사이의 상관관계를 찾아냄으로써 진행 중인 상황의 지도를 그려내, 누구나 더 쉽게 상황을 파악할 수 있도록 해야 한다. 그러나 폭풍이 끊임없이 몰아치는 오늘날, 현재를 진단하는 일만으로는 충분치 않다. **다가오는 현재**, 즉 **임박한 현재**를 진단해야 한다. 이는 미래를 단순히 사변적으로 대하는 것과는 완전히 다르다. 예를 들어 레이 커즈와일Ray Kurzweil**✱**이 예측한 40년 후의 전망은 근거가 전무하고, 허무맹랑한 생각과 판타지가 가미된 상상력의 산물이다.[12] 이는 **사실상** 검증 불가능하고 선정주의와 허풍뿐이다. 미국 중앙정보국(CIA)이 1997년 이후 미국 대선 직후마다 전략적 관점에서 의사결정 도구들을 제공하기 위해 작성해온 미래 예측 보고서도 마찬가지이다.[13] 이 예측 방식은 두 가지 오류 때문에 결함이

✱   컴퓨터 과학자이자 미래학자로, 2005년 출간한 저서 《특이점이 온다》에서, 2045년이면 인간과 기계가 완전히 융합되는 특이점이 도래한다고 주장했다.

발생한다. 오류의 첫 번째 이유는 장기적·초장기적 관점에서 억지로 예측하려고 하면 현실의 모든 변수와 예기치 못한 힘을 고려할 수 없기 때문이고, 또 다른 이유는 뚜렷한 추세를 확대하여 적용할 뿐 현재 형성 중인 과정들을 간과하기 때문인데, 이 중 상당수는 대번에 눈에 띄는 과정보다 더 결정적이었을지도 모를 가능성이 크다.

   이론적으로 '다가오는 현재'를 분석하려면 점술처럼 막연한 예측에 가까운 기존의 관행들과는 정반대로, **미약한 신호**를 판별하는 접근법을 취해야 한다. 미약한 신호란, 현재로서는 그늘에 가려져 형성되고 있지만, 시대정신에 부합하면서 경제적 가능성을 미뤄보아 단기적이거나 중기적인 관점에서 점점 더 중요해질 현상들을 말한다. 이를 위해 셜록 홈즈처럼 병리적이거나 자기파괴적인 극도의 편집증적 상태가 아니라 기민한 정신을 활성화하는 편집증적 상태에 의도적으로 빠져야 한다. 또한 사소해 보이는 사실들을 포착하고 이 사실들 사이에 의미 있는 상관관계를 수립할 수 있도록 탐색하는 힘을 지녀야 한다. 즉, 우리는 랭보Arthur Rimbaud가 말했듯이 '견자見者'가 되어야 한다.**14** 수정 구슬을 들여다보라는 뜻이 아니라, 어떤 메커니즘들이 무르익어 현실에 뿌리를 내리고 자명한 변화가 될지 판별하며, 이들이 막 드러나는 찰나를 포착하기 위해 노력하는 것이다. 이러한 태도는 우리가 책임 의식을 자각하고 즉각 행동에 나서도록 이끌 것이다. 이것이야말로 개인적·집단적 삶의 틀을 완전히 그리고 몰염치하게 재정의한 세계, 우리를 언어 및 재현 능력으로부터 떨어뜨려놓으려는 생성형 인공지능의 시대에 정확히 필요한 태도이다. 인공지능은 능숙한 기술 덕에 국가와 개인에게 마침내 부와 복지를 가져다줄 유일한 힘처럼 보이지만, 종국에는 고유한 규범을 제시하고 이익을 실현하려 들 것이다.

선의로 포장된 이 지옥*

귄터 안더스Günther Anders는 대담집《내가 절망할지라도 그게 나와 무슨 상관인가?Wenn ich verzweifelt bin, was geht's mich an?》에서 격동의 시대에 지식인의 역할에 대한 몇 가지 성찰을 말한다.[15] 그중 '재난의 재현 불가능성irreprésentabilité des catastrophes'이라는 핵심 사상을 다시 톺아보자. 귄터 안더스가 50여 년 전 이 개념을 정립하던 당시 가장 위협적으로 생각했던 것은 대륙 간 핵전쟁이 일어날 가능성이었다. 오늘날 재난의 재현 불가능성은 우리로 하여금 편협한 시각으로 가장 뚜렷하게 나타나는 재난들에만 집착하지 않도록, 질서에 큰 저항 없이 빠르게 동화되어 평범해 보이지만 본질적으로 위험한 잠재력을 품은 현상에 의무적으로 관심을 기울이도록 촉구한다. 즉, 우리는 삶에서 자동화와 픽셀화가 심화되는 현상, 다시 말해 **챗GPT가 메타버스로 변화하는 세계**를 고찰해야 한다.

우리는 중요한 갈림길에 서 있다. 먼저 데이터, 네트워크, 인공지능 산업이 계속해서 정교해지고 영향력을 강화하면서 사회, 타인, 현실과 맺는 관계, 주관을 구성하는 도식이 무한히 변화하도록 일조하는 길이 있다. 자크 엘륄Jacques Ellul**의 표현을 빌리자면 이 과정은 조용히 매일, 매달, 매년 영구히 '자가 증식'하고[16] 결국 우리의 활기를 빼앗아가며 육체적 감각과 지적 능력을 상실하게 할 뿐만 아니라 지금까지 불가침한 것으로 여겨진 정치적·도덕적 영역마저

---

*   '지옥으로 가는 길은 선의로 포장되어 있다'는 서양 속담이 있다. 좋은 의도로 시작한 일이 예상 밖의 나쁜 결과를 불러왔을 때 쓰는 표현이다.

** 철학자, 사회학자, 개신교 신학자로. 이 책의 저자 에릭 사댕은 엘륄이 자신의 사상적 스승이라고 할 정도로 그의 사상에 많은 영향을 받았다. 자크 엘륄은 산업혁명을 통해 등장한 현대 기술 체제를 인간이 통제할 수 없는 자율적인 자가 증식 현상으로 보았다.

침식할 것이다. 다른 한 갈래는, 수많은 요인으로 기어이 발생하고야 말 것처럼 보이는 그 어떤 상황도 필연적인 것으로 간주하지 않는 길이다. 이는 무엇보다 근본적이고 불가침하다고 여겨지는 가치를 지키려는 우리의 완강한 의지 때문이다.

"여기에 들어서는 자여, 모든 희망을 버릴지어다." 단테의 《신곡》 지옥편에서 저주받은 자들을 맞이하는 문구이다. 우리도 이처럼 극적인 어투를 사용할 수 있지만, 다음과 같이 반대되는 함의가 바로 생겨날 것이다. "여기에 들어서는 자여, 이 매트릭스를 똑바로 보라. 패권과 우리의 활발한 참여가 지지하며, 겉보기와 달리 우리를 흡수하고 소모하는 매트릭스를." 이 제국이 우리를 어디로 데려왔고, 또 어디로 데려가는지를 보자. 그러면 이렇게 답할 수 있으리라. "어떤 경우라도 희망을 버리지 말자. 다가오는 현재 대신, 우리가 원하는 현재, 자유와 다양성을 바탕으로 **도래하게 할** 현재를 위해 노력하자." 이 책의 바람은 바로 변화하는 현실을 주의 깊게 해부할 뿐만 아니라, 바람직하고 무한한 잠재성으로 가득 찬 저장고를 조용히 알림으로써 고유한 엘랑 비탈이 싹트도록 하는 것이다.

프랙털 삼위일체
:테크놀로지/신체/사회

1. 신체의 기술·경제적 배치*

노하우의 막을 내리다

기술의 역사는 1769년에 마침표를 찍었다. 그해 제임스 와트James Watt의 증기기관이 특허를 받았다. 이 장치의 독보적인 장점이라면 이전의 어떤 시제품들과도 비교할 수 없을 정도로 강력한 출력을 지속적으로 발생시키는 데 있었다. 피드백 루프** 덕분에 일종의 자기 조절 능력과 기능적 자율성을 갖춘 것이다. 이 기관은 기후 변화에도 전혀 영향받지 않으며 인류가 이전에 한 번도 경험하지 못했던 차원에서 인공기관prothétique의 단절을 이뤄냈다. 구매력이 있는 사람은 누구나 이 기술을 이용할 수 있었다. 제조업에서 신체가 지니는 임무와 지위는 완전히 새롭게 재정의되었다. 이제 노동은 숙련된 경험을 발휘해 과업을 수행하거나 물품을 제작한다기보다는 장치가 원활히 작동하도록 관리하는 일련의 행동이 되었다. 이 배치는 중요한 결과를 낳았다. 이제 인간은 개인적 주도를 박탈당하고 기계의 필요에 응하거나, 기계의 속도에 맞추는 행동밖에 하지 않게 되었다.

증기기관을 안정적으로 운행하려면 노동자가 일정한 간격으로 연소실에 석탄을 넣어야 한다. 이렇게 인간은 두 번째, 아니 부차적 지위를 가지게 되었다. 신체는 기계로부터 거리를 확보한 듯하지만

---

* 질 들뢰즈Gilles Deleuze와 펠릭스 가타리Félix Guattari는 일정한 시간 동안 이질적인 요소들이 연결되어 어떤 의미 있는 작동을 일으키는 상태를 가리켜 '배치agencement'라고 한다.

** 어떤 시스템에서 처리 결과의 정밀도와 특성 유지를 위하여 입력, 처리, 출력, 입력의 순서로 결과를 자동적으로 재투입하도록 설정된 순환 회로.

기계는 고유 법칙에 따라 작동하며 공급책으로서의 신체가 필요할
뿐이다. 이에 따라 기술이 기능적, 심지어 상징적 우위를 누리는
시대가 열린다. 이 관점에서 기술의 본질적 역전이 일어난다. 인간이
현실 세계에서 더욱 편리하게 행동할 수 있도록 계속해서 진화하는
도구의 범주에서 기술이 벗어난 것이다. 이제 인간의 지위는 도구로
전락하고, 도구들로 이루어진 사슬에 갇혀 더 이상 통제할 수 없는
논리에 따라야 하는 처지가 되었다. 다양한 도구를 사용하여 한때
능동적인 힘을 가졌던 인간은 자신보다 더 큰, 자신을 능가하는
복합체를 구성하는 톱니바퀴 중 하나에 지나지 않게 되었다.

종전까지 **기술의 개념**은 여전히 **인간적 차원**에 머물렀다. 우리가
도구와 맺는 관계는 도구의 크기나 기능에 상관없이 다음과 같은
전제에 기반했다. 인간의 신체적·지적 능력 일부를 자발적으로
동원하고, 도구를 자율적으로 조작하며, 상황에 계속 적응하는 것.
아리스토텔레스Aristoteles가《형이상학Métaphysique》에서 강조하는
바는 다음과 같다. 사용한다는 행위는 매번 고유하므로 결코 완전히
동일할 수 없고, 우리가 이를 체화하고 기억하는 학습 과정을 거쳐,
어느 시점에 이르면 **노하우**를 터득하게 된다. 그는 말한다. "인간의
경험은 기억에서 생겨난다. 동일한 대상에 관한 수많은 기억으로부터
단일한 고유 경험이 발생하기 때문이다. (…) 여러 경험을 숙고하여
유사한 대상에 대한 단일한 보편 개념이 형성될 때 기술이
생겨난다."[17]
인간 차원에서 바라본 기술의 본질은, 어떤 작업을 수행할 때
눈에는 보이지 않지만 이에 기여한 한 명 또는 여러 명의 고유한 흔적을
남기는 **서명 행위**를 전제로 한다. **작업**faber을 수행한다는 면에서
수공예artisanat의 특징을 지니는 것이다. 한나 아렌트Hannah Arendt는

아리스토텔레스의 개념을 재이론화해, 기술이란 인공물을 도구 삼아 자신의 의도에 형태를 부여해 **작품을 만들어내는** 인간의 가장 대표적인 역량이라고 말했다.[18] 우리가 자신의 단독성singularité을 증명하고 과업 수행에 온전히 참여하여, 잘 만들어진 것에 대해 내밀한 만족감을 느낄 수 있도록 이끄는 일인 것이다. 또 19세기 후반 미술공예 운동을 이끈 윌리엄 모리스William Morris는 장인이란 모든 생산 단계를 통달한 자, "자신이 만든 대상을 **본인의 작품**이라 말할 수 있는 자"라고 주장했다.[19] 나아가 수공예는 홀로 작업하는 경우는 거의 없고 다양한 역량을 지닌 사람들과 상호 존중을 바탕으로 하는 협력이 필요하다는 점에서 윤리적으로 시사하는 바가 있다. 바로 **조화로운 공동체** 안에서 **공통 목표를 가지고 각자의 고유한 기여를 인정하는 것이다.**

우리를 당혹스럽게 하는 역설이 하나 있다. 계몽주의가 도래하여 사람들이 진보라는 사상에 열광하던 바로 그 시점에 되레 진보는 본래 의미를 상실했다는 점이다. 당시 인본주의적 감수성의 관점에서는, 진보란 개인과 집단이 영위하는 삶의 조건을 기술 발전을 통해 지속적으로 개선하는 역사적 과정이었기 때문이다. 기술에 내포된 힘은 점차 희미해지고 새로운 철학이 이 자리를 차지한다. 이는 우리가 가진 자원이 많긴 하지만, 앞으로는 우리 자신보다 무한히 강력한 힘을 지닌 장치들을 훨씬 반복적으로 사용할 수 있다고 말한다. 점점 더 많은 분야에서 될 수 있는 한 최대 규모의 생산을 추구하는 것이 최우선 목표로 수립될 것이다. 이것이 바로 **테크놀로지**, 즉 **기술·경제 체제**의 탄생이다. 어떤 일을 더 잘 수행하고자 도구의 힘을 빌리고 기껏해야 노하우를 발휘하는 시대는 지났다. 이제는 우리 손으로만 얻을 수 있는 수익보다 훨씬 더 큰 수익, 즉 **인간적 차원을 넘어서는** 산업적 규모의 수익을 창출하도록 도구를 고안하는 것이 중요하다. 신체의 지위도 변한다. 신체는 더 이상 현실 세계의 변화를 주도하는 매개체가 아니라, 역학의 주변부에 종속된 부품이다.

우리는 오늘날에 와서야 그동안 그림자에 가려져 있었지만 실은 시대를 거쳐 반복되어온 현상, 즉 **테크놀로지, 신체, 사회 사이에서 작용하는 프랙털**＊ 차원을 파악할 수 있게 되었다. 다시 말해 서로 다른 대상들에서 매우 다양한 규모로 동일한 구조가 반복된다는 사실이다. 증기기관이 등장한 때부터 오늘날 테크놀로지의 시대에 이르기까지 말이다. 프랙털의 차원이 태동하는 최초의 시점에 테크놀로지, 신체, 사회 간에 전례 없는 상동성이 확립되고, 각 세 가지 영역에 길항력이 작용하며 마찰friction 현상이 나타난다. 먼저 테크놀로지의 핵심은 석탄을 태워 기계를 작동시키는 것이다. 고체 석탄으로 물을 끓일 때 물과 불이라는 두 물질은 대립한다. 헤겔-마르크스주의에 따르면 이 긴장 관계는 변증법적 과정을 거쳐 합을 만드는데, 바로 증기와 에너지이다.

다음으로, 이 어긋난 등식은 신체에서 다시 나타난다. 절대 다수의 경우 인간은 노동력을 제공하지만 동시에 기계로 환원된다. 1747년 인간을 "스스로 태엽을 감는" 기계에 비유했던 라 메트리La Mettrie의 관점과 유사하다.[20] 각자가 지닌 정체성과 고유한 정신적 풍요로움은, 어쩔 수 없이 수행되어야 하는 비인격적 활동과 대립하면서 내면의 이접disjonction interne＊＊을 일으킨다. 마지막으로,

---

＊　임의의 한 부분이 항상 전체의 형태와 닮은 도형.
＊＊　'A 또는 B'라는 관계를 의미한다. 들뢰즈나 화이트헤드Whitehead에 따르면 이접적 관계로 병존하고 있던 존재들이 서로 마주치고 결합되는 순간 새로운 존재가 출현한다.

닮음변환* 영역에서, 사회에서는 근본적으로 대립하는 두 집단이 생겨난다. 한편에는 압도적으로 가장 많은 수를 차지하는 '노동계급'이 있고, 또 다른 한편에는 노동계급이 생산한 재화를 상품화해 판매하거나 신용산업 발전에 참여한 수익으로 안락한 생활을 영위하는 자본계급이 있다. 이렇게 언제든지 과열될 위험이 있는 사회·정치적 구도가 빠르게 형성되었다. 이 초기 프랙털 삼위일체의 **폭발적인 힘**은 현시대의 구조를 만드는 한편 전면적으로 뒤흔들기도 할 것이다. 그 격변은 너무 거대한 나머지 어떤 이들은 이 기반을 허무는 것만이 유일한 구제의 길이라고 보는 한편, 또 다른 이들은 모든 이점을 계속 누리고자 이 구조를 교묘하게 바꾸고자 매달릴 것이다.

전기 요정

1867년 카를 마르크스Karl Marx가《자본론Das Kapital》을 펴낸 것은 '분노의 50년'이라고 부를 만한 시대의 서막을 알리는 소리와도 같았다. 이는 대략 1871년 파리 코뮌에서 1917년 러시아 혁명에 이르는 시기를 가리킨다. 한편에서는 상당수의 노동자가 연료용 석탄을 채굴하고 기계와 제품을 제조하는 일에 종사했다. 이들은 농촌을 떠나 도시화가 진행된 지역으로 생계 수단을 찾아나섰지만 그 과정에서 삶의 질은 악화되고 고용 불안정에 시달리며 육체와 정신은 훼손되었다. 다른 한편에는 노동자보다 수가 훨씬 적지만 나날이 증가하는 부류가 있었다. 이들은 새로운 안락함, 개선된 위생 환경, 정비된 철도와 휴양지, 백화점 등의 근대적 사치를 누리고, 최근 도시 정비가 확장된 수도에서 생활하며, 하루아침에 거대한 부를 꽃피우는

---

*   도형의 모양은 유지하되 크기만 변화시키는 변환.

경제 전반에 참여했다.

이 격차는 필연적으로 분노의 표출, 파업과 봉기, 정치적 각성으로 이어질 수밖에 없었다. 모든 것은 너무나도 급속히 진행되었고 갈등으로 산산이 부서진 사상자가 속출하였다. 어떤 이들은 자신보다 훨씬 우호적인 환경을 누리는 사람들을 혼란스러운 눈으로 지켜보았다. 마치 증기기관차의 속도를 그대로 옮긴 듯이 막을 수 없는, 곧 통제할 수 없을 것만 같이 끓어오르는 움직임은, 자랑스럽지만 실제로는 매우 취약한 체제를 모두 폭파시킬 것처럼 위협했다. 산업자본주의는 결코 '진보'와 동의어가 아니었다. 만국박람회가 웅장하고 과시적인 모습으로 개최될 때마다 이 경제모델은 자신이 이룩한 경이로움에 도취되었지만, 실상은 불안정하며 반항과 위기가 도사리고 있었고, 이에 대대적인 점검이 필요했다. 이제는 질서를 수립하고 훨씬 더 튼튼한 기반에 경제구조를 올려놓아야 할 때였다.

이를 위해 하나의 해결책이 점차 자리 잡았다. 마찰을 피하고, 기계가 윤활유를 바른 듯 매끄럽게 작동하도록, 즉 최대 출력으로 가동시켜도 엔진이 눌어붙지 않게 하는 방법이었다. 바로 점진적으로 증기를 전기로 대체하는 기술적 단절이었다. 전기가 사용되면서부터 그을음, 연기, 굉음은 마치 야만적인 시대의 유물처럼 기억 속 한구석으로 밀려난다. 더 강력하고 더 조용한 에너지원이 가장 중요하게 내세운 산업 과제는, 인간과 기계 간 상호작용에서 충돌을 일으키지 않는 최적의 등식을 성립시키는 것이었다. 여기서 새로운 학문인 **경영학**이 탄생한다. 이 분야의 선구자 프레더릭 테일러Frederick Taylor는 1880년대 현장을 관찰하면서 조금이라도 생산성이 하락하는 이유를 경험에만 의거한 조직 운영에서 찾고, 이를 타개할 이론을 제시했다.**21** 그로부터 30년 후, 헨리 포드Henry Ford는 테일러의 이론을 더 정교하고 철두철미한 방식으로 자동차 공장 조립 라인에 적용했는데, 편집증에 가까운 수준이었다.* 이로써 슬그머니 작업 지시에서 빠져나가려는 시도, 게으른 태도, 종종 손가락이 으깨지는 사고로까지 이어지던 연쇄적 산업재해는 사라졌다. 노동자는 작업복을 입고 질서정연하게 선 채로, 멸균 처리된 공간 속에서 끊임없이 움직이는 기계의 일정한 속도에 맞춰 마치 악보를 연주하듯이 조율된 동작만을 수행했다. 1936년 찰리 채플린Charlie Chaplin이 영화 《모던 타임스Modern Times》에서 연기한 자동인형 같은 인물처럼 말이다.

이 상황은 제임스 버넘James Burnham이 1941년 출간한 《'경영자' 혁명The Managerial Revolution》에서 묘사한 것과 다를 바 없었다.**22** 이 책은 당시 비약적으로 발전하던 사회공학의 실태를 진단했다. 사회공학을 주도하는 이데올로기는 당시부터 오늘날까지 계속 심화되었는데, 그것은 바로 **어떤 상황에서든지 사람과 사물에 알맞다고 추정되는 자리를 배정하는 것으로,** 이를 위한 연산과 계획의 중요성은 더 커져갔다. 이 야심은 민주주의 국가뿐만 아니라 소비에트 연방, 히틀러 정권하의 독일, 무솔리니 집권하의 이탈리아에서도 급속히 표준화된다. 소위 과학적 방식을 표방하며 사람과 공간에 대해 철저한 질서를 정하는 것이 최고의 규범으로 자리 잡은 것이다. 이 원칙은 도시계획과 모더니즘을 넘어선, 마치 조르조 데 키리코Giorgio de Chirico의 '형이상학적 회화'에서나 볼 수 있을 것만 같은 건축 양식에서도 드러난다. 기능별로 철저히 구획된 공간, 무한히 복제된

---

* 포드주의를 말한다. 테일러가 객관적 데이터와 수치를 도입해 노동 효율을 최적화했다면, 포드는 여기에 컨베이어 벨트를 추가해 대량생산 체제를 가능하게 했다.

I. 프랙털 삼위일체 : 테크놀로지/신체/사회

건축 요소, 권력의 화신처럼 장엄하면서 무자비한 권위가 몸을 짓누르는 듯한 파시스트 건축이 그 예이다. 이를 두고 철학자 막스 셸러Max Scheler는 1923년 출간한 《르상티망과 도덕적 가치판단Über Ressentiment und moralisches Werturteil》에서 "우리의 현재는 기관실에 갇힌 논리주의자들의 사회로 전락했다"고 개탄하며 "산업주의가 세계를 사막으로 만든다"고 안타까워했다.**23**

거대한 벽화의 오른편에는 굴뚝이 높이 솟은 공장, 고된 노동에 시달리는 인파, 증기기관차와 증기선이 묘사되어 있다. 먹구름이 낀 듯 회색과 검정색으로 칠해진 부분은 '이전의 세계'에 속한다. 반면 왼편에는 새로운 세계가 펼쳐진다. 사람들은 더 청결한 환경에서 일하고 여가생활을 즐긴다. 도시 곳곳에는 영화관이 들어서고, 연주회가 열리며, 도처에서 활기를 띠는 밤거리는 프랑스혁명 기념일의 경쾌하고 오색찬란한 무도회를 떠올리게 한다. 라울 뒤피Raoul Dufy가 1937년 발표한 〈전기 요정La Fée Électricité〉(파리시립현대미술관 소장)은 완전히 새로운 역학 속에서 테크놀로지, 신체, 공동 환경이 연결된 문명을 묘사한다. 끊임없는 순환의 리듬이 박동하고 상점과 오락 시설, 상품을 자랑하며 욕망을 부추기는 광고와 네온사인으로 가득한 광경은 뉴욕 타임스 스퀘어, 런던 트라팔가 광장, 파리 피갈 지구처럼 도취에 젖어든 곳을 떠올리게 한다. 철학자 페터 슬로터다이크Peter Sloterdijk의 표현을 빌리자면 "움직이는 것을 숭배하는 종교religion cinétique"가 다른 종교들의 자리를 빼앗은 것만 같다.**＊＊24**

＊＊　슬로터다이크는 현대사회가 사람, 기계, 정보, 사상 등이 끊임없이 변화해야 한다는 강박에 사로잡혀 있으며, 그 결과 항구적인 움직임을 숭배하는 종교를 발전시켰다고 비판했다.

전기라는 테크놀로지의 지배, 생산 현장의 질서정연한 안무에 예속되거나 빛나는 상점 진열창에 불나방처럼 모여드는 신체, 직류 배터리로 움직이는 듯 곳곳에 근대의 열기를 끊임없이 공급하는 사회 사이에는 완벽한 닮음변환이 성립한다. 철학자 폴 비릴리오Paul Virilio의 개념을 빌리자면, 바야흐로 질주학적dromologique 시대가 열린 것이다. 질주학이라는 이 신조어는 고대 그리스어 'dromos'에서 그 뿌리를 찾아볼 수 있는데, 경주 또는 빠른 속도로 진행되는 활동을 뜻한다.**25** 이 당시의 열광적 활기는 제2차 세계대전이 발발하면서 갑작스레 수그러든다. 전쟁이 끝난 후 '서방' 국가에서는 '진보와 부'를 가져다준 정신을 회복했고, 전쟁 중 군사 연구소에서 개발된 첨단 테크놀로지의 일부는 다른 용도로 쓰이게 되었다. 소비사회와 합리화의 사회가 나란히 출현한 첫 시대인 것이다.

프로그램이 곧 법이다

유럽에서 촉발되어 아시아와 아프리카까지 확산되었으며 미국의 병력까지 전면 동원되었던 이 전쟁은 인류가 새로운 시대, 그것도 매우 대규모의 시대에 진입했음을 증명한 사건이었다. 폭격기 무리가 모든 도시를 초토화하고, 1944년 6월 노르망디 해안에서 연합군이 상륙작전을 펼치는 등 병력과 장비가 대거 이동하며, 최첨단 원자폭탄이 투하되어 수만 명의 목숨을 단 몇 초 만에 앗아간 일련의 사건들을 보노라면 엄청난 거대함이 역사를 지배하는 기준이 된 것만 같았다. 전쟁이 종식된 후 재건 노력이 시작되었을 때에도 사회 전반에 기준으로 주어진 것은 거대함이었다. 이 거대함이라는 에토스는 도처에서 두 자릿수 경제성장을 견인하며 막대한 이윤을 창출했지만, 그만큼 창조물이 창조자의 손에서 벗어날 위험도 있었다. **무언가가 인간의 통제를 넘어서고 있었다.** 언제 어디서 갑자기 무질서와 혼돈의 그림자가 나타날지 모를 일이었다.

　　　1950년대라는 매우 이른 시기부터 나치 독일과 유럽을 피해 대서양을 건너왔던 대부분의 과학자들은 다시는 전쟁의 참화를 겪고 싶지 않다는 바람으로 이를 대비하기 위한 하나의 공리公理를 믿게 되었다. 복잡한 인간사를 최대한 잘 관리할 수 있는 연산 시스템을 수립하는 것이었다. 그리고 소위 최상의 지성을 구현한다고 여겨진 대상, 즉 **우리의 두뇌**를 본떠 시스템을 만들고자 했다. 바야흐로 사이버네틱스Cybernetics의 첫 번째 시대가 도래했다. 이 시대는 소위 인간의 인지능력을 갖춘 인공물의 도움을 받아 역동적이면서도 평화로운 질서를 세상에 구축하고, 종국에는 이 인공물을 어떤 거대한 힘으로 움직이는 것을 목표로 했다. 이 아이디어는 반세기 뒤에야 본격적으로 구현되기 시작했으니, 당시 기술 수준으로는 이 목적 또는 충동을 달성하기에는 한참 모자랐다. 그러나 곧 또 다른 움직임이 나타났는데, 겉보기에는 더 보잘것없지만 점점 강력해지면서 다른 방식으로 목표를 구체화했다. 그것은 바로 사회 여러 부문에 걸친 점진적 디지털화였다.

　　　사이버네틱스보다 원대하지는 않지만 절대적 필요성을 가진 야심이 있었으니, 바로 증가 일로에 있는 인간과 사물의 흐름이 남긴 자취를 더 효율적으로 수집하고 활용하자는 것이었다. 당시 거래, 은행 업무, 금융시장의 흐름, 계약, 개인 신분, 사회보장, 과세 등 인간의 활동이 생성한 정보의 양은 우리가 이를 적절히 처리할 수 있는 능력을 역사상 처음으로 넘어섰다. 프란츠 카프카Franz Kafka가 몇몇 소설에서 묘사하듯이 20세기 초에는 관료제가 확대되었고, 이로 인한 행정 서비스의 과도한 세분화와 극단적 위계화는 정보 과잉 현상에 일종의 해독제 역할을 수행했다. 전쟁이 끝나자 전기와 직접 관련된 과학적·산업적 분과가 급속하게 발전하면서 정보학이 등장했고, 이때부터 정보를 수집, 저장, 색인하는 시스템이 도입 및 일반화되며 수월하게 정보를 처리할 수 있었다.

　　자동화된 방식으로 더 빠르고 소위 더 신뢰할 수 있는 프로세서가 우리 인지능력 일부를 대신하면서, 새로운 움직임이 끊임없이 전개되고, 새로운 기능도 꾸준히 추가되었다. 이 장치들은 우리의 행동과 움직임을 지도로 만들고, 결정을 내릴 때 이를 근거로 안내하기 시작했다. 진일보한 합리화였다. 이 합리화는 사실을 기록하는 데 그치지 않고 곧 상위 단계로 이행했는데 목표 프로젝트의 타당성을 분석해 평가하고, 발생할 수 있는 효과를 예측했다. 대규모 데이터 처리 방식은 어느 정도 정확성을 가지고 현상을 예측하는 데 사용되었다. 기상 예보와 더불어 가장 먼저 사용된 곳은 대출 승인 여부를 결정하기 위해 고객의 장기 대출 상환 능력을 평가하는 은행이었다. 더 넓은 범위에서는 서구권이든 동구권이든, '권역'에 상관없이 국가 차원에서 야심차게 진행하는 대규모 프로젝트를 대비하는 용도로 사용되기도 했다.

　　테크놀로지·신체·사회 간 닮은변환 차원이 새로운 국면을 맞이한 것은 1970년대 초였다. 그러나 여러 상황이 우연히 하나로 모여 폭발적인 힘으로 형성된 삼위일체처럼, 대립 요소가 충돌하여 시대의 리듬을 규정하지는 않았다. 전기적 삼위일체에서 흐르는 사회·경제적 리듬처럼 낮과 밤을 가리지 않고 전류로 움직이는 것도 아니었다. 이 프랙털은 더 심오하고 강렬하며 종합적이었다. 이 프랙털은 전 세계로 퍼져 20세기 후반부터 오늘날까지 사회를 구조화해온, 기술·경제적이면서 동시에 정치적인 이데올로기에서 비롯된 것으로, 세계의 흐름을 프로그램에 의존하도록 하는 목적을 지녔다. 연산된 프랙털 삼위일체의 시작이었다. 현실을 구성하는 요소들은 이진코드로 변환된 기본 정보 단위로 해체되었다. 이들은 점점 더 다양해지는 상황의 본질을 잘 파악하도록 도와주는 동시에 역으로 그러한 상황의 흐름을 바꿀 수단을 제공하는 테크놀로지에 활용되었으며, 그 결과 인간사의 조직 방식에 영향을 끼치기 시작했다.

개인 행동을 기록하고 측정하는 시스템은 주로 경영과 마케팅에서 활용되는데, 이는 이미 작동하던 하나의 야심을 한층 강화하기 위한 것이었다. 야심을 실현하기 위한 수단으로서 이 시스템은 꽤나 경이로웠다. 언제나 신체가 최소한의 손실과 최대한의 이익을 창출하는 완전히 새로운 차원이었기 때문이다. 뒤이어 민간과 공공 부문에서도 같은 방법이 사용되었다. 넓게 보면 사회 전체가 하나의 프로그램 혹은 무수히 다양한 프로그램들로 간주되었다. 이는 진행되고 있는 현상들을 더 잘 파악하고, 가장 적절하다고 판단되는 궤도에 진입하도록 유도하기 위해서였다. 일례로 1971년 칠레의 사회주의자 대통령 살바도르 아옌데Salvador Allende가 주도한 '사이버신Cybersyn' 프로젝트는 국가 경제활동을 거의 실시간으로 관찰하고, 그 결과에 따라 전략적 결정을 취하기 위해 고안되었다.**26** 미셸 푸코는 '생명 정치biopolitique'를 두고 인간이 위생주의와 효용주의에 부합하는 태도를 갖도록 하는 일련의 절차로 이론화했지만, 더 이상 그런 시대가 아니었다.**27** 질 들뢰즈가 다소 성급히 주장했던, '매끈하고'＊ 열린 환경에서 살아가는 사람들의 행동을 특정 기술을 통해 제도적으로 추적하는 '통제 사회'의 시대도 아니었다.**28**

＊ 들뢰즈 철학에서 '매끈한' 공간은 규칙이나 질서가 없이 사방으로 열려 있는 공간이다.

사실 거리를 두고 역사를 바라보면 당시 시작되던 흐름이 더 분명히 드러난다. 그 목표는 특정 상황을 통제하려는 것이 아니라, 신체와 사물의 움직임을 분석하고, 조직의 목표나 이윤 추구에 부합하도록 계속해서 움직이게 하는 것이었다. 테크놀로지로 세계의 흐름을 포착하고 진행 방향을 수정할 수 있게 되자 관심사는 최대의 합리화와 이익 추구에서 영구적 안전으로 향했다. 그러나 영구적 안전은 정적인 상태만을 지향했기 때문에 사회는 활기찬 역동성을 상실하고 자본의 회전 주기는 감소했다. 최대한의 이윤과 규범화된police 상황이 항구적이고 조직적으로 발생하도록 하는 원칙은 후기 자본주의와 근대 자유주의 정치의 중대한 과제가 되었으며, 1980년대 신자유주의적 전환기에 이르러 이 두 체제는 손을 맞잡고 훨씬 더 정교한 양상을 띠기 시작했다. 이 메커니즘이 무한히 번창하고 증식하도록 계속 관리해야 했다. 이후 불타는 떨기나무*와 같은 장치가 도입되면서 이 체제를 전속력으로 가동하는 원동력이 되는데, 그것은 바로 **스크린**이다.

---

* 구약성서 출애굽기 3장에 나오는 내용이다. 야웨는 불에 타는데도 없어지지 않는 떨기나무에 강림하여, 모세를 향해 이집트로 가서 이스라엘 민족을 해방시키라는 계시를 내렸다.

2. 스크린의 질서

유리 벽난로

"자본계급이든 노동계급이든 모두 텔레비전 앞에 모여 그렇게 모욕을 당하는 한, 무력한 절망만이 남을 것이다."[29] 피에르 파올로 파졸리니Pier Paolo Pasolini의 텔레비전 비판은 널리 알려져 있다. 그는 텔레비전이 가정에 침투하여 신체와 정신을 급격히 둔화시킬 것이라는 의견을 꾸준히 펼쳤다. 그러나 시인이자 영화감독이었던 파졸리니가 고발한 것은 움직이는 영상의 원리가 아니라, 사회적 삶을 빠르게 무너뜨리고 수동적인 개인이 되도록 조장하는 장치였다. 그가 정확히 이 표현을 사용하지는 않았지만 당시 이미 어떤 움직임이 진행되고 있었음을 상기할 필요가 있다. 무엇보다도 이 테크놀로지는 구조 자체만으로도 주의를 집중시키는 힘이 있었다. 유리로 만든 반투명한 스크린 속에서 번쩍이는 빛은 마치 우리를 최면에 빠지게 할 것만 같은 벽난로처럼 매혹적이다. 가스통 바슐라르Gaston Bachelard가 《불의 정신분석La Psychanalyse du feu》에서 불꽃을 바라보며 빠지는 몽상에 대해 논했듯이, 《브라운관의 정신분석La Psychanalyse du tube cathodique》이라는 책을 써도 될 정도로 텔레비전 역시 매혹적인 힘을 발휘했다.

영화관과 텔레비전 스크린의 차이는 전자가 영사projection를 통해 작동하는 반면, 후자는 신호가 전송되어 발생되는 전자기적 광자를 배면영사rétroprojection하여 작동한다는 점이다. 텔레비전은 방송망을 통해 채널과 수상기를 연결하고, 우리는 프로그램의 유일한 공급원인 채널에 의존한다. 반면 영화는 예술가들의 수많은 프로젝트가 만든 결과물이고, 관객은 영화관에서 관람할지 여부를 자유롭게 선택한다("영화 보러 간다"고 말하듯, 서점이나 도서관에 가고, 전시회나 콘서트를 참관하는 행위도 마찬가지이다). 이처럼 정신적 열망을 포함해 스스로 결정한 움직임은 상상계와 한 사람의 고유한 형성에 기여한다. 한편, 가정과 주거지에 스며든 텔레비전을 시청하는 행위는 다른 사람들이 사전에 내린 결정이 우리 시야에 강제로 들어오도록 할 뿐이다.

독서를 할 때는 시간을 자유롭게 이용할 수 있고 때때로 시선을 돌려 사색에 잠기거나 어떤 구절에 메모를 남길 수 있다. 하지만 텔레비전 시청은 프로그램이 연속적으로 방송되는 과정에서 모든 거리두기를 무력화하며 신호가 전송되는 흐름과 지각의 흐름을 동기화한다. 영화의 영상도 동기화를 유발하기는 하지만, (관객이 상영관에 들어갔다가 나오기 때문에) 일시적 계약관계에 속한다. 반면 텔레비전은 가구로 자리 잡았으며, 언제든 리모컨 버튼 하나만 누르면 다시 빛을 발하고, 정해진 기한도 없이 '케이블 끝에서' 모든 수단을 동원해 우리를 사로잡는다. 이렇게 텔레비전에 반복적으로 얽매이면서 우리의 **시선은 이동한다**.

스크린은 가정에서 주목받는 특권의 대상이 되며 반드시 사람이 그 앞에 마주 앉도록 요구한다. 적어도 거실에서는 사람과 가구가 스크린에 맞춰 배치되고 스크린은 왕의 자리를 차지한다. 마치 루이 14세의 만찬에서 신하들이 임금을 에워싸는 그림과도 같다. 그 결과 더 은밀한 차원이 추가된다. 파졸리니는 이를 두고 **사람들 사이에서 분명히 일어나지만 지각할 수 없는 분리**라고 지적한 바 있다. 같은 공간에 있으면서도 서로 시선을 돌린 채 마치 곤충처럼 이 유리 벽난로에 시선을 빼앗기는 것이다. 텔레비전이 가정에 침투하자 이전에 가정에서 행해지던 다양한 활동은 줄어들었으며 가장 일상적인 활동조차 텔레비전을 시청하면서 이뤄지게 되었다. 예를 들어 가족 식사조차도 일종의 종교적 침묵 속에서 함께 스크린을 보며 **원격** 중계되는 삶의 흐름을 따라가거나 간간이 몇 마디 곁들이는 방식으로 이루어진다.

　　타인은 마주 보고 관계하는 대상이 아니라 함께 스크린을 보는 공동 시청자가 되어간다. 이와 같은 현상이 제2차 세계대전 이후 사회에서 계속 심화되어온 개인화 과정의 주요한 요인임을 어떻게 부정할 수 있겠는가? 텔레비전의 경제는 인간을 매혹하며 '존재의 병렬성'에 뚜렷한 형태를 처음으로 부여했고 이후 수십 년 동안 인간이 스크린과 더욱 밀접한 관계를 맺으면서 이 병렬성은 한층 심화되었다. 군중은 제단 앞에 서 있듯이 한 방향을 바라보며 온정신을 쏟는다. 유럽 최초의 민영 방송국장은 시청자의 '언제든 주의를 빼앗기는 뇌'를 위해 일한다고 거리낌없이 말해 유명해졌다.[30] 실로 어려운 일도 아니었다. 다채로운 색으로 빛나는 텔레비전 스크린은 방송 내용에 상관없이 보는 사람을 매혹했기 때문이다. 그 힘은 어떤 의미에서는 악마 같다고 할 만큼 압도적이었다. 끊임없이 빛을 발하는 텔레비전은 세상이 우리 눈앞에 펼쳐지는 듯한 환상을 주었고, 우리가 여기에서 눈을 뗄 수 있는 힘보다도 강했다. 이 점에서 오늘날 텔레비전을 비롯한 모든 스크린은 결코 평범한 대상이 아니다. 오히려 다른 어떤 사물과도 비교할 수 없는데, 유아부터 노인에 이르기까지 우리 옆에 있는 존재들을 주변화했기 때문이다. "멀리 떨어진 것이 지나치게 가까워지면, 가까운 것은 멀어지고 흐려진다. 유령이 현실이 되면, 현실은 유령처럼 된다. 진정한 가정은 그저 **'컨테이너'**로 전락하고 말았다. 가정의 기능은 **외부 세계**의 스크린을 담는 것 말고는 이제 없다."[31] 귄터 안더스가 1956년 남긴 놀라운 통찰이 담긴 말이다.

곧 하나의 여가 또는 오락 체제가 빠르게 자리 잡았고, 끝없이 더 많은 이미지가 소비되었다. 산업 전략이 이를 지탱했다. 화려한 톱스타를 탄생시키고, 볼거리와 선정성을 이용하여 이미지 소비에 익숙해지도록 수십 년에 걸쳐 발전을 거듭한 전략이었다. 그러나 여기에는 대중이 겪는 피로도 한몫했다. 고된 노동과 힘 빠지는 통근을 하고 집에 돌아온 사람들은 인지적 노력을 그리 요하지 않는 기분 전환에 몸을 맡기고 싶어 했다. 별 쓸모는 없을지 몰라도, 무미건조하게 반복되는 일상에서 재충전과 위안을 가져다주는 진통제와도 같았기 때문이다. 1980년대는 근대 미디어의 역사에서 텔레비전이 광고의 주요 무대로 기능하며 소비사회가 부상한 시절로, 요절한 파졸리니는 목격할 수 없었던 또 다른 형태의 유리 표면이 확산되었다. 이 새로운 스크린 역시 육체와 정신을 지배하려는 데서 비롯했지만 목적은 전혀 다른 기능에 응답하는 데 있었다. **조직적 확대와 합리화 과정을 뒷받침하기** 위한 것이었다. 하나의 움직임이 시작되고 확장되어갔다. 밤이든 낮이든 삶의 주요 지평이 픽셀로 형성되어갔다.

불타는 픽셀

1970년대 중반 이전에 텔레비전이라고 말하면 텔레비전 수상기가 머릿속에 떠올랐지, 결코 '스크린'이 떠오르지는 않았다. 스크린이라고 하면 주로 영화를 떠올렸다. 스크린이 전례 없는 임무를 수행하는, 빛나는 유리 표면을 가리키기 시작한 것은 그때부터였다. 기업과 행정의 세계에 컴퓨터가 도입되면서 정보화 역사의 두 번째 막이 오른다. 프로세서가 방대한 데이터를 처리하고 이를 아코디언처럼 길게 이어진 종이에 끝없이 출력하는 시대는 끝난 것이다. 이제는 숫자와 글자를 비롯해 점점 더 다양한 종류의 보고서들이 스크린상에 보였다. 이 장치는 정보가 구조화된 데이터베이스와 연결되어 있기 때문에 사용자는 키보드를 두드리는 대신, 스크린에 나타나는 정보와 씨름해야 한다. 노동자는 (소프트웨어 프로그램이자 기관이 수립한 계획이라는 이중의 의미에서) 프로그램의 대리인이 되어, 프로그램이 부여한 질서에 맞춰 일하는 역할을 수행하며 그 질서를 유지해나간다. 예를 들어, 은행 직원이 대출 승인 여부를 결정하려고 고객의 이력과 관련된 통계를 검토할 때, 제3의 목소리 또는 일종의 감지되지 않는 초자아의 목소리가 개입하기 시작한다. 화면에 나타난 내용과 시스템의 의도에 따라 움직이면서 무의식적으로 시스템의 논리를 연장하는 도구가 되는 것이다. 이 현상은 오늘날까지 저변이 확장되면서 다양한 목적에 따라 끊임없이 심화되어왔고 앞으로도 그럴 것이다.

　　컴퓨터를 사용한 두 번째 결과는 첫 번째 못지않게 교묘했다. 바로 우리의 주의를 전적으로 사로잡은 것이다. 애초에 스크린은 우리가 그 앞에 앉는 순간 시야를 거의 전체적으로 차지하게끔 설계되었다. 시선의 중심은 이동하고 각자는 자신에게 주어진 대상에 집중한다. 이러한 구도는 같은 공간에서 일하는 사람들 사이에 칸막이가 세워진 듯한 효과를 초래한다. 그리고 시간이 한참 흐른 뒤에야 스크린을 점점 더 오래 사용하게 되면서 신체적 자세뿐 아니라 주변 환경과 타인에 대한 위치와 태도까지 변화한다는 사실을 깨닫는다. 불타는 떨기나무라는 상징에 사로잡힌 듯이 각자가 스크린 앞에 나란히 앉아 있는 사무실들은 우후죽순으로 증가한다. 비록 목적은 다르지만 신체가 새로이 질서화ordonnancement되면서 이미 가정 안에서 벌어지고 있던 양상은 거의 그대로 재현된다. 1970년대에 폴 비릴리오는 "인류의 도시화는 인류의 좌식화이다"라고 지적했다.[32] 이 대사를 빌려 다음과 같이 말하는 편이 좋겠다. 생계유지와 기분

2. 스크린의 질서

59

전환이라는 두 가지 목적으로 인류가 유리 표면 앞에 앉게 된
시점부터, 스크린은 시간을 보내는 주요한 환경이 되었다고 말이다.

　　　이 상황은 어느 정도 독립적인 두 흐름에서 시작하여 1980년대
후반부터 20여 년에 걸쳐 계속 발전했다. 하나는 개인용 컴퓨터
산업의 등장이 주도한 흐름으로, 1980년대부터 신자유주의가 기업
내부에서뿐만 아니라 사회 전체에 확산되도록 기여했다. 다른 하나는
수많은 텔레비전 채널들이 전면적으로 민영화되는 과정에서 나타난
흐름으로, 특히 케이블 채널이 결정적인 계기가 되었으며, 우리 삶에서
텔레비전의 중요성이 심화되며 광고 시장이 부상하도록 이끌었다. 이
두 경제 부문은 스크린을 중심축 삼아 지배적 위치를 점유하고 나섰다.
전자는 인력을 대거 동원해 물적 자원의 조직을 최적화하는 방향으로
나아갔다. 후자는 정보와 오락을 생산해 막대한 자본을 창출했다. 이
두 흐름은 신체를 마비시키는 데 일조했으며 문명과 인류학에 중대한
변화를 가져왔다. 바로 **시각 체계가 우위를 차지하며 점차 다른 감각들의**
사용이 주변화된 것이다. 지크문트 프로이트Sigmund Freud는 1930년
발간한 《문명 속의 불만Das Unbehagen in der Kultur》에서 후각의 쇠퇴를
문명의 발전과 연관짓는다. 인간은 직립보행을 하면서 후각에 대한
충성을 버리고 동물계로부터 거리를 둔다. 이와 같이 생명 활동 방식이
변화하면서 인간은 시각적 자극을 우선시하고, 사회와 맺는 관계에서
합리성이 최우선 가치로 자리매김하도록 기여한다. 그 결과 신체의
모든 능력이 드러나는 것을 위축시키는데, 정점은 바로 스크린 사용이
일반화되는 현상이다. 프로이트에 앞서 게오르크 짐멜Georg Simmel
역시 도시의 사회적 관계를 가장 먼저 결정하는 것은 시선이라고
《감각의 사회학을 위한 시론Soziologie der Sinne》에서 지적했다.
"소도시와 비교해 대도시의 인간관계가 지닌 특징은 시각 활동이 청각

활동보다 현저히 우세하다는 점이다."**33**

새천년이 시작될 무렵 인터넷이 보편화되면서 시각의
우위는 새로운 국면을 맞이한다. 픽셀이라는 장을 통해 각종 텍스트
자료(사이트, 언론, 서적 등)를 열람하고 메시지를 주고받으며 음성
파일이나 영상 이미지에도 접근할 수 있게 된 것이다. 인터넷에
연결된 스크린은 다양한 기능으로 무한한 놀라움을 제공하며 우리를
사로잡았다. 인간과 기계가 **상호작용**하며 누구나 이에 능동적으로
개입할 수 있게 되면서 스크린이라는 마법 같은 세계의 매력은
한층 배가되었다. 텔레비전을 시청하거나 컴퓨터를 업무에 사용할
때의 수동성은 전복되는 듯했다. 우리는 원하는 곳으로 나아갈 수
있으나(교묘한 길잡이가 이미 은밀히 자리 잡고 있다는 사실은 모른 채, 적어도
그렇다고 믿으며) 자유롭다는 감각에 도취되어 인터넷의 탈주선을
끝없이 항해한다. 사람들은 각자 여가, 문화, 소통, 소비, 일상 관리에
단말기를 이용했고, 그 주요 수렴점은 스크린 속에 있는 세계였다.
그래서 후대에 '중독'이라는 개념이 **진절머리나게** 지적되지만, 이는
본질을 놓쳤기 때문에 타당하다고 할 수 없다. 산업은 부정할 수
없는 탁월함으로 최면적인 힘을 가진 테크놀로지를 설계하고 인류의
신체와 정신을 잠식하며 우리를 스크린 앞에 붙들어 매는 데 성공했다.
최적화와 이윤 창출을 위한 에토스를 위해 우리의 감각 능력을
마비시킨 것이다. 물론 우리 개인적으로는 더 '절제된' 관계를 유지할
수도 있겠지만, 스크린은 단순히 테크놀로지를 가리키는 것이 아니라
오늘날 지배적인 경제적·사회적 합리성의 원동력을 대표한다.

그러나 앉은 자세, 즉 앉아 있는 신체의 경제는 전례 없이
확산되다가 한계에 부딪힌다. 초근대적hypermoderne 진실은
어디에서나 작동해야 하고 그 개입 범위를 직장이나 가정에만 국한할

수 없기 때문이다. 이런 이유에서 스크린은 2000년을 기점으로
급격히 곳곳에 확산된다. 개인용 노트북이나 도시의 대형 스크린처럼
모든 표면에 영상이 투사되는 시대였다. 공항, 비행기 좌석, 기차역,
쇼핑몰, 심지어 콘서트와 정치 집회에 이르기까지 스크린은 어디에나
존재했다.**34** 우리 삶이 전면적으로 픽셀화되는 과정이 시작된
시기라고도 할 수 있다. 그리고 머지않아 휴대 가능한 소형 장치가
등장하면서 합리적·경제적 질서의 핵심을 지탱하는 주체는 더 이상
의자에 앉아 있는 신체가 아니라, 어떤 자세로 있든 끊임없이 픽셀과
마주할 것을 요구받는 신체들로 전환된다. 물론 당시에는 알 수
없었지만 이는 메타버스의 초석이 놓이고 훨씬 더 많은 인간 활동이
스크린을 중심으로 조직되며 전지적 능력이 강화되고 말하는 능력까지
지니게 된 디지털 유령들에 의해 우리의 삶이 체계적으로 방향을
전환한 시점이었다.

스마트폰과 우리: 피의 연인

티셔츠를 입으면 상체에 꼭 맞아 마치 피부 같고 신체의 일부가
된 것만 같다. 그러나 그것과 한 몸이 되지는 않는다. 침대에서 잘 때
머리부터 발끝까지 침대와 맞닿고 밤의 충실한 동반자이자 내적으로
가장 친밀한 장소인 그곳과 융합된 것만 같다. 그러나 그것과 한 몸이
되지는 않는다. 거의 모든 사람이 집에 거주할 특권을 누리고 집에서
대부분의 시간을 보내며 플라스마 속에 잠겨 있는 듯한 느낌을 받는다.
그러나 그것과 한 몸이 되지는 않는다. 이처럼 모든 기술적 산물을
고려할 수 있지만 우리는 매번 같은 결론에 도달한다. 종종 기술적
산물과의 물리적 인접성이 유지된다고 해도 여전히 **근본적인 분리**가
지배적이라는 사실이다. 인공 심장이 생물학적 조직에 이식되면
원래의 심장 기능을 대신하며 신체 내부 구조의 일부가 되어 우리

자신은 물론 타인에게도 보이지 않는다. 그러나 이런 경우조차 우리는 그 인공기관과 한 몸이 되지는 않는다. 때때로 융합된 듯한 환상을 일으키지만 그 어떤 기술도 우리와 한 몸이 될 수는 없다. 결국 변함없이 분리되기 때문이다. 이 점은 이식 거부 반응에서 명백히 드러난다. 아무리 신체와 밀접하더라도 인공물은 근본적인 타자성에서 벗어날 수 없다.

이 모든 것이 사실이었으나, 어느 날 갑자기 어떤 기기, 아니 아주 작은 존재가 나타나 옛날부터 존재해온 이 등식의 항들을 새로 쓰기에 이른다. 이 작은 말썽꾸러기는 손바닥 크기에 완벽하게 들어맞는데, 이토록 자연스럽게 손에 들어와 포근하게 자리 잡은 모습은 인간과 기계를 최적화된 상태로 통합하겠다는 기조의 디자인 덕이 아닐 수 없었다. 스마트폰에는 인간과 기계의 관계에 매우 새로운 국면을 열어줄 기능이 탑재되어 있었는데 바로 터치 인터페이스이다. 가볍게 쓰다듬기만 해도 즉시 우리의 요구를 따르고 유리 표면 밑으로 무궁무진한 세계에 접근할 수 있다면서 우리가 계속 인터넷 세상을 탐험하도록 은밀하게 신호한다. 이 역학 관계는 스마트폰, 더 정확히는 스마트폰과 연결된 무수한 플랫폼들이 일상에 점점 더 깊숙이 파고들고, 날마다 더욱 맞춤화된 방식으로 일상에 개입하도록 이끌었다.

인간과 기기가 상호 침투한다. 사용자가 관심사에 대해 별생각 없이 서핑하다 보면 스마트폰은 개인의 심리와 사적인 내용에 대해서 정보를 얻는 식이다. 인간과 기기는 여전히 유기적 신체와 물체로 구별되지만, 인류와 기술이 맺고 있는 관계에서 역사상 처음으로, 마치 살아 있는 듯한 이 두 개체를 연결하는 무엇인가가 확립되면서 그 경계는 흐려진다. 인간의 입장에서 보면 어디에 있든지 피부와 맞닿은 스마트폰을 통해 문자나 통화로 소통하고 대중에게 자신을 보여주고 의견을 피력하며 끝없이 쏟아지는 정보를 검색하고 영화와 음악을 감상할 수 있기에 스마트폰은 일상을 안내하는 매우 현명한 안내자이자 개인 집사처럼 보인다. 사용 범위가 워낙 넓은 데다가 밤낮으로 우리가 끊임없이 참여하도록 하는 까닭에 일상의 주요 활동 무대를 독차지하는 것만 같다.

의인화해 말해보자면 스마트폰은 수많은 기업이 제공하는 프로그램과 서비스를 연결하는 주요 연결 기관이자 오늘날 패권을 장악한 산업에서 마르지 않는 샘처럼 이윤을 창출하는 주요 원천이다. 다음의 두 가지 흐름은 마치 피와 생명처럼 작동하며 우리와 경제의 심장을 동시에 뛰게 한다. 하나는 우리의 생리적·신경적·심리적 흐름이고, 다른 하나는 지구 곳곳에 흩어진 서버에서 유래하는 디지털의 흐름으로, 이 둘은 시대의 절점節點, 즉 **손바닥의 피부가 기기의 금속과 유리로 된 표면과 맞닿는 곳**에서 만난다. 하나로 합쳐지지는 않지만 각기 다른 신체와 물체에서 나온 에너지가 만나서 서로 침투하는 것이다. 다시 말해, 기기의 전기·전산·정보 흐름이 인체의 뇌·감정·땀의 흐름과 교차한다.

수십억 명의 사람들과, 끝없이 끓어오르는 테크놀로지의 구조에 에너지의 조류들이 흐르면서 끊임없이 서로를 빨아들인다. 스마트폰이 결코 우리 신체의 연장延長이 될 수 없는 이유이다(피상적인 통설은 흔히 그렇다고 주장하지만, 따져보면 별 의미가 없다). 우리와 관련된 것은 편입이 아니라 **순환** 현상이다. 곧이어 두 흐름 사이에는 이드가 **계속 오간다**('이드'란 프로이트가 말한 '인격의 충동적 극pôle pulsionnel de la personnalité'[35]을 뜻한다). 상대 없이는 살 수 없을 정도로 서로가 광적인 열정에 사로잡혀 상호의존적이고 불가분한 삶의 방식을 만드는 것이다.

상호 영양을 공급하는 원리가 개인의 일상과 더불어 끊임없이 과열되는 경제에서 작동한다. 한편에서는 거리에서, 대중교통에서, 가족과 있을 때, 카페와 식당에서 친구들과 있을 때, 심지어 부부가 한 침대에 있을 때마저 스마트폰에 잠식되는 신체가 있다. 태양이 달에 가려지듯 관심사 이외의 것들은 모습을 감춘다. 사람들은 완전한 암흑 속에 갇힌 것처럼 주변의 존재는 전혀 보지 못하고, 최면에 빠진 듯이 오직 자신만의 세계로 통하는 불타는 스크린에 몰두한다. 다른 한편에는 피나는 경쟁에서 승리해야만 생존할 수 있는, 대중에게 혈액을 공급하려 애쓰는 디지털 산업이 있다. 인간의 신체와 디지털 산업은 서로 이익을 누리는 공혈 관계처럼 보이지만 실제로는 비대칭적 관계이다.

평범한 흡혈귀로 전락한 사용자는 차원이 다르게 거대한 다른 흡혈귀의 피를 계속 빨아들인다. 그가 자신의 피로 사용자의 목을 축여주는 이유는 바로 우리의 피를 더 잘 빨아먹기 위해서이다. 이 두 생명 활동이 게걸스러운 자본주의의 원동력이다. 탐욕스러운 열정과 사도마조히즘sadomasochism＊적 성격을 띠는 힘에서 지배와 복종은 불가분한 관계가 되어 뒤섞이기 때문이다. 지배권을 번갈아가며 점유하는 과정에서 각자는 게임을 주도하기도 하고 상대방의 장난감이 되기도 한다. 우리는 스마트폰을 절대적인 주인처럼 대하며 마음껏 조작하고 스마트폰은 밤낮으로 우리에게 봉사하고 오직 우리에게만 전적으로 헌신한다. 그러나 이와 동시에 세계를 우리 앞에 불러들이는 것이 스마트폰이며 우리는 스마트폰에 전적으로 의존하고 추천 알고리즘에 휘둘린다.

＊ 타인에게 고통을 가함으로써 쾌락을 얻는 사디즘sadism과 고통을 당하면서 쾌락을 얻는 마조히즘masochism을 동시에 지니고 있다는 의미를 지닌 심리학 용어이다.

이런 맥락에서 인간이 스마트폰과 맺는 관계를 단순히 중독이라고 해석하는 이들은 역사적·인류학적 상호 침투 현상을 제대로 이해하지 못한다고 봐야 한다. 이것은 본질적으로 리비도적 차원에 해당하며, 대중은 물론 다국적 기업, 무수한 스타트업들도 얽혀 있는 현상이기 때문이다. 텔레비전은 도처에서 시청자에게 최면을 걸어 산업을 빠르게 발전시켰다. 하지만 과거에는 육체적 친밀성, 개인 맞춤화 원칙, 상호작용적 차원은 존재하지 않았다. 텔레비전과의 관계는 제한된 범위에서 단순히 프로그램을 소비하는 것에 국한되었다. 오늘날은 다르다. 우리는 신체와 한 몸이 된 듯한 스마트폰을 무한한 기능을 지닌 맥가이버 칼처럼 사용한다.

오늘날 우리가 깨달은 바와 같이, 스마트폰은 메타버스 조건의 첫 시대를 열었다. 우리를 쉴 새 없이 움직이게 하고 현시대의 모든 소문에 귀 기울이게 하며 안내하고 대화하는 힘으로 자리 잡은 것이다. 이런 의미에서 2023년 겨울 마크 저커버그가 **엄밀한 의미에서의** 메타버스, 즉 가상 현실 헤드셋을 착용하는 대규모 몰입형 환경 구축은, 어렵긴 하지만 기다릴 필요는 없다고 말했다. 3D 환경에서 활동하고 더 다양한 행위를 원격으로 훨씬 손쉽게 수행하며 시스템의 도움을 받는 메타버스의 원리는 이미 모바일과 데스크톱 또는 스마트글라스를 이용해 충분히 작동할 수 있기 때문이다. 즉, 이 장비들은 **전용** 장비를 모두 갖추지 않아도 메타버스가 작동할 수 있게 하는 기틀일 뿐만 아니라, 더 나아가 우리가 알아차리지 못하는 사이에 메타버스를 일상적인 것으로 만든다.

역설적이지만 이러한 이유에서 스마트폰은 언젠가 구식이 될 수밖에 없다. 약 15년 동안 수십억 명의 사람들은 이동하면서 또는 고정된 상태로 끝없이 스크린을 보는 생활 방식에 익숙해졌기 때문이다. 이 하이브리드 체제는 중대한 결함을 안고 있다. 대체적으로 일관성이 떨어지고 수많은 산업 정책이 난립할 수밖에 없다는 점이다. 코로나19로 인한 봉쇄 기간 동안 스크린이 디지털 시스템과 끊김없이 지속적으로 연결되는 경우 광범위한 이점이 생긴다는 것은 경제적 차원에서도 개인적 차원에서도 증명되었다. 몰입형 환경은 이전 모델이 창출한 이윤을 포기하지도, 이전 모델을 완전히 대체하지도 않으면서 비용 절감과 합리화를 가능하게 하고, 다수에게 부와 편리함에 대한 새로운 지평을 열어줄 것이다. 이러한 관점에서 우리는 다양한 전략을 **통해** 몰입형 환경이 점차 온전히 구현되도록 해야 한다. 그렇게 조용히, 더는 요란한 선언 없이도, **고정된 신체의 혈액학적 자본주의**le capitalisme – hématologique – de la fixité des corps가 일반화될 것이다.

3. 고정된 신체의 자본주의

이상적인 포지셔닝

이 방정식은 상상할 수 없고 직관과 반대이며 우리가 축적한 전제와 경험을 무너뜨린다. 근대를 추동한 힘은 여러 목적을 지닌 신체와 사물의 지속적인 움직임이기 때문이다. 신체는 기계의 속도에 억지로 보조를 맞추고 끊임없이 이동하며 여러 방식으로 자본을 창출한다. 원자재와 상품은 도로, 철도, 해로 및 공로를 따라 유통된다. 끊임없이 무한정 빨라지는 이 리듬은 지난 두 세기 동안 속도를 주도했고, 결국 속도에 대한 도취는 일반화되기에 이르렀다. 이 국면은 1920년대 공산주의와 자본주의 진영 모두에서 특히 강조되었다. 이를테면 지가 베르토프Dziga Vertov의 영화 〈카메라를 든 사나이Man with a Movie Camera〉(1929)는 소비에트 체제에서의 인간과 기계 활동의 리듬에 맞춰 짤막한 길이의 영상들을 몽타주 기법으로 보여준다. 공산권의 지리적 · 정치적 대척점에서도 동일한 정신이 뚜렷이 드러나는데, 존 더스패서스John Dos Passos는 소설 《맨해튼 트랜스퍼Manhattan Transfer》(1925)를 통해 혼잡한 뉴욕에서 동시에 벌어지는 일들의 편린을 묘사했다. 이렇게 항구적인 움직임은 근대의 테크놀로지가 지닌 에토스의 특징이 되었고, 그 자체로 엘랑 비탈의 원리를 구현했다.

이런 맥락에서 역사적으로도 관념적으로도 예상 밖의 상황을 대비시켜줄 수는 없었다. 데이터 자본주의와 인공지능의 발전에 가장 이상적인 조건이 **신체의 고정**을 지향하기 때문이다. 서비스 경제가 지배적이던 약 반세기 전, 많은 사람들은 사무실에서 온종일 모니터 앞에 붙어 있었지만, 이 현상은 전혀 다른 국면을 맞이했다. 몇십 년 뒤 그들은 이번에는 스마트폰 액정을 손에 쥐고 시선을 고정한 채 끊임없이 움직이게 되었다. 2010년대 무렵부터는 멈춰서 화면을 보는 상태와 움직이면서 화면을 보는 상태가 번갈아 나타나는 것이 아니라, 스마트폰이라는 장치 안에서 하나로 겹쳐진 것처럼 느껴진다. 오늘날 우리는 스마트폰을 넘어 스크린을 보며 대부분의 시간을 보낸다. 그 내용이 어떤 종류이든, 한자리에 멈춰서든 이동하는 중이든 상관없이 말이다. 이렇게 스크린은 인간이 세상을 지각하는 첫 번째 틀이 된다.

　　　우리 행위를 규정하는 보편 규범이 된 이 하이브리드적 흐름은 코로나가 발발하면서 돌연 중지되었다. 당시 전 지구적 차원에서 경제적 재난처럼 보였던 현상이 예상을 깨고 하나의 계시를 낳은 것이다. 대다수의 신체가 고정되자 산업이나 사회조직적 측면 모두에서 새로운 지평이 열렸다. 몇몇 사람들은 이를 이상적 해법, 하늘이 내린 일종의 마틴게일martingale 전략*으로 간주하기에 이르렀다. 종전까지 시행된 이중 체제는 결국 임시방편에 지나지 않았다. 물론 전방위적으로 활용되긴 했지만 (그들도 나중에야 깨달았다) 사각지대가 너무 많았던 것이다. 아직까지는 필수적이지만 언젠가는 쓸모없어질 직업군, 자동화되는 제조·물류 현장, 고도로 정교한 디지털 인프라는, 코로나 1차 봉쇄 시기가 왔을 때 우리가 생각했던 바와 같이 사회가 최소한이나마 작동하도록 하는 것이 아니라 최대한 효율적이면서도 최대의 이윤을 창출하도록 작동해야 한다.

　　　이 새로운 상황에서는 건물과 부대 비용(냉난방, 장비, 청소, 경비, 보험 등)뿐만 아니라 상시 인력에 드는 비용도 절감할 수 있다. 점점 더 많은 업무를 입찰에 부칠 수 있게 되면서, 세상 어디에

---

*　　손실이 나면 거래 단위를 두 배로 늘리고, 수익이 나면 다시 기본 거래 단위로 되돌아오는 전략을 의미한다.

있든 제일 유리한 비용을 제안하는 업체가 낙찰될 것이다. 한편
소비자는 전 세계의 모든 물건을 집으로 배송받을 수 있고, 이처럼
전면화된 배송 원칙 덕분에 시간, 편의, 비용이 절감된다고 받아들일
것이다. 형용모순적으로 말해 **자유로운 신체 감금**은 가장 유리한 산업
방식이다. 끊임없이 최적 상태를 자동으로 조정하는 메커니즘을 통해
비용 손실이 큰 미스매치나 시간 지연을 피할 수 있기 때문이다.
2000년대에 디지털화를 추진한 기업들의 초창기 목표는 합리화와
최적화였다. 오늘날 그들이 추구하는 목표는 전체 경제 시스템의 작동
방식을, 수학적 프로그래밍을 통해 이론적으로 어떤 잡음도 피할 수
있는 디지털 시스템처럼 구현하는 것이다.

　　　이러한 환경을 구축하기 위해서는 다음과 같은 세 가지 조건이
필요하다. 첫째, 많은 개인적·사회적 상황이 원격으로 유지되도록
한다. 둘째, 동영상이나 알고리즘으로 생성된 이미지(생성형 이미지)를
우리가 일상에서 당연히 누릴 수 있게 한다. 셋째, 그 자체만으로도
새로운 시대의 상징이 될 장치, 다시 말해 스크린 밖을 전면 차단하고
오랜 시간 착용하도록 고안된 '가상 현실' 헤드셋 사용을 일반화한다.
다만 (다른 기업들 중에서도) 메타는 큰 실수를 저질렀는데, 이 헤드셋을
메타버스의 부상에 수반되는, 더 나아가 필수 불가결한 구성 요소로
소개했다는 점이다. 미래적이지만 사용자가 폐쇄감을 느낄 수밖에
없는 디자인은 불안과 조롱의 대상이 되었고 비싼 가격은 낮은
호응도를 불러왔으며 초기 기대감에 제동을 걸었다. 원격화 과정이
저절로 발전하도록 두고, 성장세에 맞춰 주기적으로 혁신을 추구하는
편이 더 영리한 방법이었을 것이다. 요란하게 북을 치고 나팔을 울리며
선언하고 강행하는 인상을 주지 말았어야 했다. 심지어 여러 차례의
봉쇄 조치로 인해 집단적 격리 시기가 끝난 직후였는데도 헤드셋의

외형이 가진 불안한 요소들을 메타는 단 한 번도 고려하지 않았다.

어쨌든 신체의 위상에 대한 전면적 재정의가 윤곽을 드러내고 있다. 우리의 신체는 감각과 운동 능력을 온전히 발휘해 환경에 몰입하고 다른 신체들과 살을 맞대는 것이 아니라, **연산에만 의존하는 세계에서 인공 조명에 둘러싸인 채 한자리에 고정되어 살아가는 쪽으로** 기울고 있다. 스크린을 더 많이 사용할수록 시각이 우위를 차지하고, 그 결과 다른 감각은 점차 퇴화한다는 주요 방정식은 한층 공고해진다. 이 현상은 상업 자본주의의 역사와 그 경계에서 최근까지 중심축 역할을 한 **진열창**의 연장선으로 해석할 수 있다. 욕망이 자극되는 최초의 단계는 눈으로 보는 것이고 다음 단계는 손으로 만져보는 것이다. 대상이 크면 둘레를 따라 걸어보고 옷인 경우에는 직접 입어본다. 한편에서는 정교한 유혹의 힘이, 다른 한편에서는 진열창의 거리감에 기인한 끌림과 저항이 뒤섞인 힘이 복잡하고 사실상 예측 불가능한 방식으로 대립하는 관계가 만들어지는 것이다. 19세기 중반부터 한 세기 뒤 소비사회가 부상할 때까지 시각적 흥분은 상품과 에로틱한 관계를 맺었다. 처음부터 거리가 강제되는 형식이었기 때문에 마르크스가 분석했듯 결국 물신숭배로 귀결될 수밖에 없는 관계이기도 했다. 그런 의미에서 크리스마스 시즌의 백화점 진열창은 죄책감에 가까운 감정과 경이로움이 뒤얽혀 있는, 유리벽의 기능이 절정에 달한 사례라고 할 수 있다.

이것이 바로 전적으로 픽셀화된 환경이 위험한 이유이다. 이 자극은 사람이나 사물을 향한 움직임을 생성시키면서 우리가 가진 엘랑 비탈을 보여주는 욕망의 원리를 무력화한다. 전능해진 시선이 지배하고 사용자는 음성 명령이나 스와이프(쓸어 넘기기)만으로 끝없이 추천 제안을 넘길 수 있으며 최적의 결과가 나타나더라도 이내

싫증을 내게 된다. 그래서 완벽한 해결책으로 여겨졌던 것, 즉 몰입형 환경에서 최적화된 알고리즘이 계속 제시되는 상황은 전혀 예상치 못한 함정이 될 수 있다. 억압되었던 것의 회귀가 일어나기 때문이다.**
인간이 지닌 다중감각적 본성이 고려되지 않기 때문에 생겨났던 불만족이 회귀하는 것이다. 고정된 신체에 기초한 산업은 이 문제에 즉각적으로 대응해야 성장할 수 있으며, 여기에서 완전히 새로운 이윤을 창출할 수 있는 거대한 지평이 열리고 있다는 사실 또한 알고 있다.

인공 감각 산업
　　이 환경은 너무나 부자연스럽고 숨 막히며 인간미 없고 얼음장 같다. 찬사가 담긴 각종 담론에도 불구하고 과도하게 탈육체화된 듯한 이 장치는 우려를 불러일으킨다. 모든 것은 활기가 없고 오직 비디오게임의 상상 속 세계에 갇히거나 아스퍼거 증후군에 걸린 사춘기 청소년이 만든 세계처럼 보인다. 진지하게 말해 누가 하루 일과 중 상당 부분을 신체적 접촉과 에로틱한 긴장이 없는 몰입형 세계에서 보내고 싶겠는가? 이 상식적 차원의 지적을 염두에 두고 나아가 그 허점을 활용해야 할 것이다. 시각 체제가 전적으로 픽셀화된 형태로 지배하는 세계는 차갑고 딱딱한 대리석 같을 테니 다른 감각들을 통합해야 하는 것이다. 가장 먼저 고려할 감각은 촉각이다. 인공 촉각 인지에 관한 연구가 시작된 시기는 1990년대로 거슬러 올라간다. 초기 목표는 '로봇 팔'을 통해 원격으로 수술을 진행하거나 위험 물체를 조작하는 등 전문 분야에 적용하는 것이었다.

＊　　정신분석학에서 무의식에 쌓인 억압은 반복해서 현실로 나타나는데, 이것을 억압되었던 것이 회귀한다고 표현한다.

이후 이러한 연구는 꾸준히 정교해져 오늘날 다른 용도로까지 확장되었고, 사용자는 재료의 질감은 물론 기기를 조작할 때 받는 저항, 나아가 표면의 온도까지도 느낄 수 있게 되었다. 이렇게 촉각을 통해 우리는 단순히 시각만이 아니라 다른 방식으로도 우리 주변 환경을 인식할 수 있다. 1764년 계몽주의 철학자 콩디야크Condillac가 《감각론Traité des sensations》에서 촉각을 "외부 대상을 스스로 판단할 수 있는 유일한 감각"이라 논했던 바와 일맥상통한다.[36] 그로부터 시간이 흐른 뒤 메를로퐁티Merleau-Ponty는《보이는 것과 보이지 않는 것Le Visible et l'invisible》에서 "만진다는 것은 곧 자신을 만지는 것이다"라는 말을 남겨 호기심을 자아냈다.[37] 그에 따르면, 우리는 촉각을 통해 주변 환경의 여러 차원들을 발견하고, 자신을 구성하는 지극히 감각적인 힘을 발견한다. 외부 세계와 상호작용할 뿐만 아니라 맞닿을 수 있는 연결고리를 만드는 능력이다. 그래서 그는 신체만이 아니라 신체를 둘러싼 주변 세계까지 하나의 동일한 연속체로 보고, 이를 '살'이라고 명명했다.

시각은 본질적으로 우리가 바라보는 대상과의 거리를 전제하는데, 메타버스의 틀에서는 그 거리가 더욱 멀어진다. 이 환경에 새로운 형태의 촉각을 도입한다는 것은 풍부해진 관계를 구축하고 현실 및 타인과의 전례 없는 근접성을 구체화한다는 뜻이다. 이는 기존 관계를 완전히 전복시킬 수 있다. 몰입형 환경에서 사람들은 더 이상 은둔하지 않으며 전용 기술 시스템 덕택에 방치된 감각이 제자리를 되찾아 세계와의 관계는 두터워질 것이기 때문이다. 심지어 촉각을 통해 느낀 감각을 일정 한도에서 증폭시키는 것도 가능해진다. 궁극적인 목표는 가변저항기처럼 마음대로 우리의 감각 수준을 조절하고, 매우 새로운 감각 체계(전율이라고 해도 좋을 것이다)를 우리에게 선사하는 것이다. 이를 추진하는 산업은 현재 한창 부상하고 있는 **인공 감각 산업**, 즉 '감각의 인터넷'이다.

　　이 야심은 촉각으로 느끼는 감각을 실감나게 모방하는 데 국한되지 않는다. 악수하고 볼을 어루만지며 '가상' 매장에서 신발을 요모조모 만져보는 것처럼 전반적인 일상 행동을 확장할 뿐만 아니라, 특별한 '촉각 경험'을 제공할 수도 있다. 예를 들어 화산의 잉걸불 주변에서 나오는 엄청난 열기, 몰디브섬에서 자란 야자수로 만든 목재의 질감, 달의 토양을 손가락으로 쥐어보는 감각 등을 인위적으로 생성된 시각적 풍경에서 경험하는 것이다. 이 경제 체제를 통해 우리는 일상적인 감각뿐만 아니라 이론상 경험하기 매우 어렵거나 불가능한 감각, 어떤 이는 매우 특별하게 여길 법한 비일상적 감각을 느낄 수 있다. 한편으로는 소위 현실을 재현하고, 다른 한편으로는 불가능과 환상의 영역에 속했던 모험을 실현하고 경험하는 환경이다. 다만 높은 확률로 그 조건에는 가격이 붙을 것이며 형식은 대개 구독제가 될 것이다.

　　그들은 인간 조건의 한계를 없애고, 비디오 게임처럼 단순히 시각에만 국한하지 않는, 모든 면에서 박진감 넘치는 삶의 시퀀스가 일상이 되길 원한다. 인간 조건에 맞서고자 하는 산업적 쾌락 또는 오만은 사람과 사람이 감각을 공유하는 구상까지도 제안한다. **자신이 느끼는 감각을 타인이 느끼게 하거나, 반대로 타인의 감각을 스스로 느끼려 하는 시도이다.** 곧, 우리가 지닌 인간학적 조건을 넘어서는 기능을 확립하려는 것이다. 그러나 나무가 전기를 전도傳導할 수 없듯이 신체도 주관적 감각을 전도할 수 없다. 한 공간에서 한 명이 추위를 느끼고 다른 한 명이 더위를 느낄 때 서로의 상태를 느끼는 것은 불가능하다. 그런데도 미래에 인간이 감각을 전도하는 존재가 될 수도 있다고 주장하는 것이다.

이 기술은 타인과의 관계에서 본인의 신체 감각만을 온전히 느낄 수 있다는 원리와 어긋난다. 원격으로도 악수하는 감각을 느낄 수 있을 뿐 아니라, 손을 잡은 상대가 느끼는 감각까지도 공유받을 수 있기 때문이다. 대인관계의 정의는 다시 쓰인다. 타인을 근본적으로 다른 개체로 분리하지 않는 대신, 에너지를 교환하고 포착할 수 있는 물질로 변환하고, 이들과 융합할 수 있다는 환상이 자리한다. 그리하여 개체성(개체의 어원은 '분할될 수 없는 몸'이다)의 원리는 경계를 지니지 않은 관개체성transindividualité으로 이행하며 사람들은 자신이 체험한 감각을 서로 교류할 수 있다. 이러한 원리가 시각의 영역에도 적용되어 내가 보는 것을 상대와 실시간으로 공유하게 된다. 예컨대 왓츠앱WhatsApp 등에서 나타나는 현상이 그러하다. 하지만 중요한 차이점이 있는데 기기의 시선이 우리의 시선과 완전히 일치하지는 않는다는 사실이다. 그러나 가상 현실 헤드셋은 다르다. 한 개인의 시선, 또 다른 개인 혹은 잠재적으로 무한히 많은 사람의 시선이 완전히 같을 것이라고 약속하기 때문이다. 나중에는 후각에도 같은 메커니즘이 적용될 수 있다. 이렇게 타인의 감각을 체험하도록 제안하는 상호주관적 감각의 산업이 열릴 것이다. 집에서도 디즈니월드 메타버스를 체험하고 에베레스트 등반이나 스카이다이빙을 할 때 느끼는 지극히 비일상적인 감각들을 느끼게 될 것이다.

인류가 아직 분화되지 않은, 정신분석에서 말하는 '비대상적anobjectal' 단계로 퇴행하는 시대이다. 아기가 태어나고 약 한 달까지는 사람이나 사물이 자신의 외부에 있다고 느끼지 못하는 것과도 같은 바로 그 단계이다. 자아, 타인, 현실 세계는 더 이상 고유하고 구별되는 개체로 존재하지 않고 하나의 연속체에 속하거나 동일한 플라스마 속에 잠겨 있는 상태가 된다. 이는 삶을 본질적으로 반자연주의적으로 보며 테크놀로지 집합에 의존하는 철학이다. 어느 시점부터 이 테크놀로지 집합의 목적은 거의 즉각적인 의사소통이었지만 이후에는 전혀 다른 임무를 수행하기에 이르렀다. 바로 연산 시스템과 신체 사이에서, 행동과 심리 사이에서, 시스템과 세계의 전반적 흐름 사이에서 **보편적 합일을 실현**하는 것이다. 궁극적 목표는 완전한 투명성 확립이지만 이 투명성을 파악할 수 있는 것은 연산 시스템뿐이다. 그래서 연산 시스템에는 상업적 목적 그리고 소위 완벽한 사회조직이라는 명분 아래 하나의 질서를 관철하여 이 흐름을 끊임없이 조정하는 최고 임무가 부여된다.

이 점에서 현재 형성 중인 테크놀로지·인간·사회의 프랙털 삼위일체는 **양자적 성격을 띤다.** 모든 물질은 이론적으로는 원자적 차원에 이르기까지 어떤 방식으로든 모든 것과 접촉할 수 있고 반복 여부와 상관없이 그로부터 작용을 발생시킬 수 있다. 사실상 우리 세계는 후기 고대의 그리스·로마 철학자 플로티노스Plotinus가 상정했던 '일자—者'와도 같은 형태이다. 모든 것은 제1원리에서 비롯되며 초월적 지위를 차지한다. 자세히 들여다보면 지금의 인공지능은 현상의 본질을 해석하고, 이와 관련성이 있다고 판단한 결과들을 끊임없이 자동 매칭하면서, 모든 것을 알고 있는 보이지 않는 손 또는 신성한 권능으로 자리매김하고 있다. 그런데 역사상 존재했던 모든 신들이 완벽한 내세를 약속했던 바와 달리, 인공지능은 모든 불완전함과 무의미한 제약으로부터 해방된 현세, 즉 인공 낙원을 실현하겠다고 약속한다.

테크놀로지, 신체, 사회는 지속적인 상호관계 속에서 유사한 구조를 형성할 뿐만 아니라, 기술·경제 체제는 마침내 **제1원리**로 군림하여 그 어느 때보다도 결정적인 지위를 차지한다. 인간의 정신과 감각뿐만 아니라 유기체와 무기체까지도 끊임없이 데이터를 산출하는 개체로 환원되고, 끊임없이 다시 쏟아지는 신호는 목적에 따라 방향을 수정한다. 사회는 무수히 많은, 상이하고 환원 불가능한 유기체와 무기체로 이루어진 집합으로서의 본질을 상실한다. 우리에게 현실 세계 그 자체를 경험하고, 평가하며, 행동하고, 참여하며, 끝없이 타인 및 우연과 관계 맺도록 요청하는 것이다. 생명력을 잃은 사회는 무기력한 유령이 되며 언제 어디서나 최고의 현실, 즉 **재가공된 현실**을 보여주도록 정교하게 설계된 장치로 대체된다.

현실의 재가공

1. 감시받는 세계

세상사 흐름의 주인이자 소유자처럼 된 우리*

어떤 문장은 인간의 정신과 집단 표상에 깊이 각인된다. 접하자마자 명료한 힘이 느껴지거나 압축된 단어 몇 개에서 독보적 진리가 섬광처럼 번뜩인다. 대부분 세대를 거듭해 전승되면서 기원이 불분명해 보이거나 진부한 표현으로 굳어지기도 하지만 시간이 흘러도, 특수한 상황에서도 설득력을 잃는 일은 드물다. 그런데 최근 예외가 생겼다. 한동안 부인할 수 없는 설득력 덕분에 큰 반향을 얻었지만 이제는 골동품 취급을 받게 된, "실재는 우리가 부딪힐 때 생겨난다"는 자크 라캉Jacques Lacan의 말이다.**38** 오늘날 그의 단언은 시대에 뒤떨어진 것처럼 들리는 데다가 원래의 의도를 상실했다. 그의 말은 우리가 아무리 노력해도 언제나 선험적 예상과 구체적 경험 사이에는 격차가 존재하며, 계획을 세심하게 세웠더라도 종종 경험 앞에서는 무너지고 만다는 것을 의미하기 때문이다. 태초부터 계획과 현실 사이에는 불가피하게 거리가 존재했고, 현실은 언제나 계획을 넘어서며 우리의 한계를 가차 없이 입증했다.

그런 의미에서 세계 각 지역마다 다르겠지만, 인류의 역사는 인간의 열망과 때로는 쓰라린 좌절 사이의 긴장으로 써 내려갈 수도 있을 터이다. 더 정확히 말하면 이 간극에 대한 우리의 자각과, 이를 우회하거나 심지어 철폐하려는 과정 간의 긴장으로 말이다. 이 점에서 기술과 테크놀로지 발전의 계보는, 사소하든 거대하든 세상의

---

* 저자는 데카르트가 《방법서설》에서 '자연의 주인이자 소유자처럼 된 우리'라고 쓴 문장을 비판적으로 인용하며 '처럼'에 해당하는 'comme'에 취소선을 그었다.

흐름을 최대한 지배하려는 끊임없는 탐욕을 기준으로 구성될 수 있다. 데카르트Descartes는 이 경향을 누구에게나 주어진 능력으로 보았으며, 무한한 잠재성을 지닌 정신력을 엄격하고 끈기 있게 활용한다면 "우리는 자연의 주인이자 소유자처럼 될 것이다"라고 1637년《방법서설Discours de la méthode》에 적었다. 자세히 살펴보면 이 격언에는 모든 돌발 상황을 차단하려는 방어적 태도와, 세상을 인간의 관점과 필요에 굴복시키고자 하는 정복적 의도가 담겨 있다. 자명한 사실은, (타인, 적, 자연현상, 일상의 무수히 많은 우연 등에서 비롯되는) 예상치 못한 사건을 피하고자 점점 더 정교한 수단을 만들어내는 거대한 사업이 바로 근대사회와 자본주의였다는 점이다.

　　　　　이 목표는 종종 달성되기도 하지만 세상을 완벽하게 통제할 수 있다는 환상은 허상이다. 아무리 대비한다 해도 뜻밖의 사건과 혼란, 재앙은 발발하기 마련이다. 이런 사건들은 고도로 통제된 환경에서도 발생할 수 있고 심각한 공급망 차질과 재정적 피해를 야기한다. 예컨대, 프랑스 툴루즈와 독일 함부르크의 에어버스A380 생산 공장에서 공동으로 제작한 케이블의 규격 차이로 인해 항공기가 2년이나 늦게 된 일이 있었다(프랑스와 독일 엔지니어팀 간의 협력 부족 및 IT 공유 수단의 부재가 한몫했다). 훨씬 더 비극적인 사례는 2011년 3월 일본 후쿠시마 원전을 강타한 쓰나미이다. 이는 해안에서 리히터 규모 9의 지진이 발생할 수 있는 가능성까지는 원전 설계 당시 고려하지 못했다는 사실을 보여주었다. 마지막으로 꽤 우스운 사례를 하나 들자면, 스페인 국영 철도회사 렌페Renfe가 발주한 열차 31대가 너무 크게 제작된 나머지 일부 터널을 통과할 수 없었다는 사실이 2023년 초에야 밝혀졌다. 이러한 사실들은 가장 철두철미한 조직 방식을 구축하려고 아무리 고심해도 **결국** 우리의 근본적 허점은 드러날

수밖에 없을뿐더러, 세상에는 우리가 어찌할 수 없는 현상들이 있음을
보여준다. 어느 시점에 모든 것이 어긋나는 버스터 키튼Buster Keaton의
영화들처럼, 부조리는 우리가 가장 혐오하고 두려워하며 억압해왔던
모습으로 어김없이 회귀한다.

사소하든 중대하든 우발적 사건은 언제나 파문을 일으킨다.
불꽃놀이를 하며 환희 속에 도래하는 새천년을 맞이하던 화려한
초근대성은 데카르트의 초기 야망, 즉 인간이 "마치 자연의 주인이자
소유자처럼 되는 것"을 달성한 듯싶었다. 그 확신은 2001년 9월 어느
날 아침 하늘에서 산산조각 났고 승리에 도취해 있던 미국은 순식간에
진흙 발의 신상神像이 되었다.* 그림자에 숨어 제멋대로 날뛰는
악마처럼 예측 불가능한 것은 언제나 기회를 노린다. 그리고 그때 이
악마의 머리를 영원히 잘라낼 수 있는 역사적 기회로 여겨지는 기적이
나타났다. 너무도 보기 힘든 기적이라 이를 가리키려면 형용모순이
필요했는데, 그것은 바로 **인공지능**이었다.

피상적 관념과 집요한 단순화의 대상이 되곤 하는 인공지능의
본질에 대해서는 아무리 강조해도 지나치지 않다. 인공지능은 단지
현실 세계를 자동적으로 분석하고, 개인이나 집단을 대상으로 추천을
제안하는 전문화된 능력일 뿐이다. 나아가 인공지능은 다양한
차원에서 상황을 자동적으로 관리하는 능력으로 자리매김하고 있다.
일례로 웨이즈Waze라는 애플리케이션 서비스는 교통 상황을
실시간으로 분석하여 사용자가 시간과 에너지를 절약하고, 상황에 가장

---

* 구약성서 다니엘서에서 느부갓네살왕이 꾼 꿈으로, 머리는 금, 가슴과 팔은 은, 배와
넓적다리는 놋, 종아리는 철, 발은 철과 진흙이 섞인 거대한 신상이 손대지 않은 돌에
의해 부서진다.

잘 대응할 수 있도록 최적 경로를 안내한다. 또 다른 예로는 고빈도 매매high frequency trading에서 직접 증권을 매매하는 로봇을 들 수 있다.

      이렇게 인공지능은 우리의 욕망이나 순간적 필요에 따라 유기체나 무기체를 다른 개체와 가장 적합하게 일치하도록 연결하는, 일종의 플라톤식 전지적 중개자라 할 수 있다. 이 인지적이고 조직적인 전능함은 모든 것이 일치하고 가장 적합하며 최대 이익이 발생하는, 이른바 '재가공된' 현실을 출현시키고자 계속 작동한다. 이 기적과도 같은 테크놀로지는 삶을 전면적으로 초개인화하는 자본주의의 핵심 매개체가 되었으며, 사회를 '알고리즘으로 정화'하기 위해 막대한 비용과 노력을 들였다. 그렇기 때문에 인공지능을 규제하려는 미미한 시도와 많은 이들의 우려가 있었음에도 현재와 미래의 모든 자원을 활용하지 않으리라고는 상상할 수조차 없는 것이다. 마치 섭리처럼, 테크놀로지가 경제·사회·정치 차원을 아울러 개인 및 집단 행동과 전면적으로 결합하게 되리라는 전망이다.

최적화된 사회

      아래에서 묘사하는 이미지는 반세기가 지난 오늘날의 관점에서 디스토피아의 절정을 보여준다고 봐도 무방하다. 육각형의 넓은 방은 밖으로 난 창 하나 없이 완전히 막혀 있고 방음 효과가 있을 듯한 나무판자가 벽을 둘러싸고 있다. 바닥에는 올리브색 카펫이 깔려 있고 천장 전체는 거대하고 평평한 유리창에 덮여 환한 불빛을 뿜어낸다. 가운데에 놓인 의자 일곱 개는 복고미래주의적 디자인이 특징적인데, 회전식이며 하얀색 탄소섬유 재질로, 좌판과 등받이에는 주황색 쿠션이 장착되어 있고 팔걸이에는 조작 버튼이 내장되어 있다. 벽에는 여러 대의 스크린과 한 대의 칠판이 걸려 있다. 이곳은 바로 칠레 산티아고에 위치한 사이버신 프로젝트의 작동 핵심부인 '**상황실**Oproom'이다. 이 공간은 정보를 수집하기 위해 만들어졌는데 사람이 정보를 수동으로 기록한 후 전신타자기(처음에는 기업용이었지만 이후 다른 부문들로 퍼져나갔다)로 정보를 전송한다. 이 방의 운영과 관련된 정보(투입 자재, 산출량, 결근 인원 등)는 실시간으로 취합되지는 못했지만 당시의 상황에 가시성을 확보하기에 가장 적합한 방법으로 여겨졌다.

수집된 데이터는 매일 IBM 360/50에 입력되었는데 이 모델은 단기 전망을 수립하고 적절한 조정을 알려주는 프로그램을 탑재하고 있었다. 이렇게 도출된 결론은 통제실에서 논의 대상으로 이어졌다. 이 시스템을 통해 그들은 어떤 결정의 파급력을 파악하고, 원자재 채굴량이나 수입량, 책정가, 채용 또는 해고 방안 등과 같은 여러 시나리오를 구상했다. 이 프로젝트의 주요 설계자는 바로 영국의 사이버네틱스 이론가 앤서니 스태퍼드 비어Anthony Stafford Beer였다. 이는 1970년부터 살바도르 아옌데 대통령이 이끄는 칠레의 민주주의 사회에서 자동화된 절차를 통해 공적 사안을 최적화하는 의도적 체제가 처음으로 실행된 사례이다. 이 프로젝트에서는 시민들의 텔레비전망에 연결될 단말기를 제작하는 방안도 고안했다. 특정 조치들에 대한 의견을 매우 불만에서 매우 만족 사이에서 평가하고, 이를 자택에서 정기적으로 전송하도록 하는 시도였다. 단말기를 구축하는 데만 1년 이상이 걸렸지만 끝내 성공적으로 마무리짓지는 못했다.

여기서 활용된 것은 전산 처리 과정의 초창기부터 이어진 핵심, 즉 데이터가 입력된 후 처리되어 **피드백으로 산출되는** 결과이다. 칠레의 '통치 기계' 프로젝트는 노버트 위너Norbert Wiener ***** 와 그의 사이버네틱스 연구자들이 꿈꾸었던 바를 공식적으로 구현한 것이다.

***** 수학자이자 컴퓨터과학자로 사이버네틱스(생명체, 기계, 조직 또 이들의 조합을 통해 통신과 제어를 연구하는 학문)의 창시자이다.

이 시스템은 **다양한 현황을 가시화하여 더 나은 결정을 내릴 수 있도록
설계됐다.** 아엔데 대통령 정부가 호기롭게 목표한 바는 민간기업과
공기업, 행정기관, 도시 관리, 더 나아가 전체 사회의 기능이 최적화된
환경을 조성하는 것이었다. 그리고 사회주의 정신에 의거해 공익을
위하는 일에 전 국민을 참여시키려 했다.

수십 년이 지난 후 '상황실'의 이미지들이 온라인에 다시
나타났고, 그동안 발전된 기술과 재편된 지정학적 맥락 탓에 편향된
해석의 대상이 되었다. 사람들은 이를 새로운 유형의 인구 통제가
시작된 사건으로 보았다. 즉 삶이 디지털화되고, 디지털이 우리 행동에
침투하면서 그 어느 때보다 파놉티콘적인 통제를 시도했다고 해석한
것이다. 이는 2001년 9·11 테러 직후 인터넷 사용이 폭발적으로
증가하면서 공공 또는 개인 사이트 방문 기록을 토대로 개인의
행위를 계량화하려는 방법들이 고안되었고, 정보기관들이 좋든
싫든 여기에 '접속'하면서 나타난 현상이다.**39** 우리는 우리 행동이
은밀하게 추적당한다는 사실을 자각하기 시작했고, 2013년 에드워드
스노든Edward Snowden이 미국 국가안보국National Security Agency에서
개발한 극도로 정교한 과정의 본질을 폭로하면서 문제는 만천하에
드러났다.

사생활과 관련된 문제인 만큼 사회는 크게 동요했지만, 이는
오히려 1970년대부터 오늘날까지 진행되어온 문제의식의 핵심을
가리고 말았다. 다시 말해 핵심은 흔히 생각하는 것처럼 대중
감시가 아니라, 소위 최적화된 사회 운영을 가능케 하는 **알고리즘
거버넌스**였다. 살바도르 아엔데 정부의 목표도 바로 이것이었는데,
특히 라틴아메리카의 사회주의 체제도 첨단 테크놀로지를 활용해
경제적·사회적 효율성을 내세우며 현대적으로 국가를 운영할 수
있다는 점을 미국에 증명하려 했다. 이 점에서 반대 세력을 감시하는

데 능했던 피노체트Pinochet✱ 독재 정권이 이 체제를 방기하고 종국에는 와해시켜버렸다는 사실은 종종 잊혀진다.

우리는 사이버신 프로젝트를, 사람이 아닌 세상의 흐름 전반을 통제하려는 정치·경제적 에토스의 시초이자 원형으로 바라보아야 한다. 이것이야말로 오늘날 사회·정치·문명을 아우르는 대사건으로, 인공지능의 발전은 해를 거듭하며 여기에 현실성을 부여하고 있다. 이러한 맥락에서 우리가 직면한 것은 쇼샤나 주보프Shoshana Zuboff가 주장한 소위 '감시 자본주의'가 아니다.**40** 이는 매우 구시대적인 관점의 오류일 뿐이다. 오히려 갈수록 더 실시간화되는 **일상의 흐름에 대한 자동 모니터링**에 직면했다고 봐야 한다. 픽셀화된 몰입, 훨씬 더 전지적인 시스템, 생성형 인공지능을 보면 오늘날의 쟁점은 더 이상 현실 세계와 최대한 조율하는 데 있지 않고, 오히려 현실을 일종의 반죽처럼 주무르고 현실에 여러 궤적을 도입해 **현실 위에 또 다른 현실을 포개고야 마는** 데 있음을 보여준다. 이러한 종류의 현실은 우리와 더 이상 부딪히지 않으며 오히려 우리를 홀리는 마법처럼 인간의 의도와 욕망에 맞춰준다. 이를 **알고리즘적 초현실주의**라고 부르자.

알고리즘적 초현실주의

1981년 출간된 장 보드리야르Jean Baudrillard의 《시뮬라크르와 시뮬라시옹-Simulacres et Simulation》✱✱은 사상계에 돌연 착륙한 미확인 비행 물체와도 같았다. 당시 새로운 체제에서 형성되는 현실을 독보적으로 예리한 시각에서 조명했기 때문이다. 끝없이 증식하는

✱   미국의 지원으로 쿠데타를 일으켜 아옌데 정부를 무너뜨리고 정권을 잡았다.
✱✱   국내에서는 《시뮬라시옹》으로 번역 출간되었다.

이미지, 연속 방영되는 텔레비전 프로그램, 언론 속보와 광고 메시지로 포화된 체제는 적나라한 현실을 가릴 뿐 아니라 부지불식간에 현실을 대체하였고, 우리가 가장 먼저 접하는 일상이 되었다. 어디에나 존재하는 상징이 우리의 지각에서 사물 그 자체를 몰아냈다. 인공적인 디즈니랜드는 도처에서 복제된 모습만이 존재하는 세계의 정점을 보여주었고, 보드리야르는 이를 두고 "모든 종류의 얽히고설킨 시뮬라크르들의 완벽한 모델"이라 일컬었다.**41** 그는 1991년 발발한 걸프전을 두고도 동일한 입장을 반복하며, 심지어 전쟁은 "일어난 적이 없다"고까지 주장했다.**42** 풀어쓰자면 걸프전은 우리에게 실제 사건 그 자체로 존재했다기보다는 전 세계에서 최면을 걸듯 끊임없이 텔레비전으로 방영한 사건으로 존재했다(귄터 안더스가 30여 년 전 "사건은 상품이다"라고 주장한 것처럼 말이다**43**).

　　워쇼스키 형제의 매트릭스 시리즈가 보드리야르의 저서에서 영감을 받았다는 사실은 잘 알려져 있다. 하지만 보드리야르의 주장을 잘못 해석했든, 혹은 일부러 극단적으로 취했든지 상관없이 이 형제는 더 효율적으로 착취하기 위해 의식을 기만하는, 완전히 시뮬레이션된 세계라는 픽션을 구상하기에 이르렀다. 보드리야르가 강조했던 것은 이 테크노 디스토피아적 비전과는 다소 거리가 있는데, 마셜 매클루언Marshall McLuhan의 표현을 빌리자면, '매체'와 '메시지'의 혼동이 훨씬 일반화되어, 이윽고 기표와 기의를 구분할 수 없게 된다는 점이다. 보드리야르는 다음과 같이 썼다. "오늘날 시뮬라크르 제작자들은 실재, 그것도 모든 실재를 시뮬라시옹으로 만든 모델과 일치시키려 한다. 그러나 이는 더 이상 지도나 영토에 관련되지 않는다. 무엇인가 사라져버렸다. 그것은 바로 지도와 영토가 지극히 다르기에 나타나는 추상의 매력이다. 지도의 시학과 영토의 매력, 개념의 마법과 실재의 매력은 모두 다름에서 비롯된다."**44**

이 분석은 당시에는 선구적이었으나 40여 년이 지난 오늘날에는 시대에 뒤떨어졌을 뿐만 아니라 쓸모없어졌다. 더 이상 여러 현상을 동일하게 복제하여 사실적이면서도 현실과는 다른 환경을 만드는 시뮬라시옹의 시대가 아니기 때문이다. 《시뮬라크르와 시뮬라시옹》이 출간되고 오늘날에 이르기 전인 2003년에 세컨드 라이프Second Life라는 온라인 가상 세계 플랫폼이 출시되자 같은 맥락에서 사람들은 이를 '평행 세계'라고 불렀다. 전혀 다른 환경에서 새로운 유형의 '경험을 할 수 있는' 세계였지만 이는 여전히 현실을 구성하는 요소들을 기반으로 했다. 2000년대에는 종종 다양한 목적하에 현실에서 벗어난 디지털 환경에서 '기술자유지상주의' 정신을 지닌 공동체와 함께 산다는 발상이 크게 유행했다. 이는 한편으로 암울하고 갑갑하기 그지없는 현실을 벗어나는 기회로, 다른 한편으로는 새로운 토대 위에서 유대 관계를 구축할 기회로 여겨졌다. 같은 것과 다른 것은 끊임없이 함께 맞물린다.

이와 같은 맥락에서, 하지만 완전히 다른 목적으로 '디지털 트윈'이라는 개념이 고안되었다. 디지털 트윈은 기존에 존재하는 사물을 충실히 재현한 3차원 그래픽 모델링이다. 우리는 이를 가상 현실 헤드셋이나 스크린을 통해 지각할 수 있으며, 인공적이지만 완전히 현실처럼 보이는 환경에서 조작할 수 있다. 디지털 트윈은 복잡한 과업을 배우는 훈련에 주로 사용된다. 비행 시뮬레이터가 수십 년 동안 여객기나 전투기 조종사 양성에 활용되어왔듯이, 외과 의사의 수술이나 원자력처럼 민감한 분야의 유지 보수 업무를 담당하는 기술자의 실습에 활용되는 것이다. 다시 말해, 현실과 최대한 근접한 조건에서 훈련을 받고, 다음 단계에서 감각적 경험을 통해 동일한 현실과 직접 마주한다. 여기서 다루는 것은 때로는 완전한 가상 현실이기도 하고 때로는 '증강된'(즉, 지각된

II. 현실의 재가공

현실과 합성 이미지를 겹쳐놓은) 현실이기도 하다. 그러나 이 두 방식은 2010년대에 등장한 완전히 새로운 현실 체제와는 거의 관련이 없다. 인공지능이 발전하면서 이 체제는 시뮬레이션에 기반하지 않고 **현실의 재가공**이라는 전혀 다른 성격과 규모의 프로젝트에서 시작한다.

현실의 재가공은 제한된 활동 범위에서만이 아니라 궁극적으로 개인과 집단의 거의 모든 일상 영역에서 작동하도록 만들어진다. 이 과정은 훨씬 더 고도화된 시스템 구축을 요한다. 첫 번째는 현실의 흐름을 실시간으로 분석하는 시스템이다. 두 번째는 이 시스템에서 파생된 또 다른 시스템인데, 우리의 필요나 욕망에 따라 마찬가지로 실시간으로 현실의 방향을 유도한다. 그런데 이 야심찬 과정은 가상 현실에 개입하지 않는다. **첫 번째 층에서 현실을 분석하고, 두 번째 층에서 현실을 조정하는 것**이다. 그 지배력이 행사되는 대상은 개인이나 사물이 아니라 태초 이래 인간이 한 번도 경험한 적 없는 세계, 즉 매우 단독적인 세계의 흐름이다. 즉, **모든 장소와 상황에서 인간의 가장 광적인 충동만큼이나 도구적 합리성의 법칙에 따를 수밖에 없는 세계**이다. 이 점에서 초현실주의가 출현한 지 정확히 한 세기가 흐른 후에 새로운 유형의 초현실주의가 등장했다고 볼 수 있다.

이는 1924년 앙드레 브르통André Breton이《초현실주의 선언Manifeste du surréalisme》제1선언에서 말한, "이성의 어떤 통제도 없는 상태에서 (…) 사유의 실제 작용을 말, 글, 또는 다른 어떤 방식으로든 표현하고자 하는 순수한 정신적 자동기술"이 아니다.**45** 지금 새롭게 부상하는 초현실주의는 과거의 초현실주의와는 대척점에 있다. 새로운 초현실주의는 "이성의 어떤 통제도 없는 상태"를 요구하기는커녕, **모든 사람과 사물의 궤적을 절대적으로 통제하고자 하기 때문**이다. 그리고 이를 수행하는 것은 모든 것을 자신의 철학에

예속시키려는 테크놀로지 복합체이다. 그렇다면 살바도르 달리Salvador Dalí 같은 화가에게 자유와 상상력을 발휘해 캔버스 작업을 요청할 이유가 있을까? 달리Dall-E나 미드저니 같은 이미지 생성 시스템에 간단한 명령만 내리면 되는데 말이다. **로고스**의 질서, 즉 오직 자신의 권위만을 신뢰하며, 도식화할 수 없거나 감각적인 차원은 모두 배제하는 로고스 중심주의가 현실의 질서를 전면적으로 잠식하기 시작했다는 사실을 우리는 어디까지 알고 있는가?

*

　　장 보드리야르의 예리한 통찰로 이 장을 열었으니, 이제 다시 《시뮬라크르와 시뮬라시옹》의 한 구절을 인용하며 끝마치고자 한다. 그의 책처럼 때때로 어떤 저작들이 보여준 선견지명은 당대에는 온전히 이해받지 못한다. 우리는 시간이 지나서야 눈을 비비며 그렇게나 오래전에 예견되었다는 사실에 놀라워하는 것이다. 보드리야르는 다음과 같이 말했다. "정밀하게 작동하는 기술은 정밀하게 작동하는 사회의 표본이다. **더 이상 어떤 것도 우연에 맡겨지지 않는다.** 사회화socialisation란 바로 이것이다. 수 세기 전부터 시작되어 이제야 가속 단계에 들어선 사회화는 폭발적인 한계(혁명)를 향하는 듯했다. 그러나 지금은 정반대로, 즉 **내파하는**implosif 비가역적 과정으로 드러난다. 모든 우연, 모든 사고, 모든 횡단성, 모든 목적성, 모든 모순은 지양된다. 규범에 의해 가시화되고 정보 메커니즘이 신호처럼 투명하게 보이는 사회성socialité에서도 단절이나 복잡성은 지양된다." **＊46**

*   흔히 socialisation을 사회화, socialité를 사회성으로 번역하는데, 보드리야르가 말하는
     사회화는 사회 전체를 관리하고 예측 가능하도록 재조직하는 과정을 뜻하고,
     사회성은 규범에 의해 구조화된 사회적 관계 양식을 뜻한다.

2. 초개인화된 삶

주체화 과정에서 초개인화의 원리로

"감히 알려고 하라!Sapere aude!" 임마누엘 칸트가 1784년
〈계몽이란 무엇인가Beantwortung der Frage: Was ist Aufklärung?〉라는
논문에 쓴 말이다. 이 단호한 명령은 자신의 지력을 사용해 스스로
판단하고 결정을 내릴 것을 촉구한다. (느낌표에서 드러나듯이) '용기'와
과감함이 두드러지는 그의 가르침은 외부에서 규정된 신념과 원칙에
일률적으로 부응할 것을 제안하는 당대의 규범과는 거리가 멀다.
인간의 절대적 단독성은 보편적 조건으로, 각자가 원하는 대로 행동할
자연권의 기초를 형성한다. 동시에 그 권리는 모두에게 적용되는
법과 규칙으로 형성된 공동체 안에서 통용된다. 가장 고차원적 삶에
도달하기 위해서는 온전한 자기 표현을 방해하는 족쇄를 벗어던질
것, 즉 **주체화 과정**에 참여할 것이 끊임없이 촉구된다. 미셸 푸코가
정의한 바와 같이 이는 자신에 대한 지식뿐만 아니라 자신의 행동을
결정하는 외부의 힘을 알면서 주체가 변화하는 과정을 뜻한다.**47** 이런
여정을 거쳐 우리는 의식과 책임감을 가지고 행동할 수 있다. 또한
능력을 온전히 발휘하는 기쁨, 자아를 실현하려는 엘랑 비탈을 통해
자발적으로 운명을 개척하는 기쁨은 삶에 빛을 비출 수 있다. 그 결과
우리는 나름대로 타인과 사회 전체의 운명에 빛을 비추는 것이다.

모든 예속에서 합당하게 해방된 사고 주체cogito라는 명제는
점차 근본 원칙이 되었고, 결국 19세기 초 유럽과 미국의 정치철학에서
지배적 사상으로 부상한 **민주적 개인주의**로 제도화되었다. 그러나
자세히 들여다보면 민주적 개인주의가 존중한다고 내세우던 가치는

자가당착적 상황에 있었다. 산업주의와 시장 논리가 팽창하면서 새로운 예속 관계와 심각한 불평등이 나타났기 때문이다. 타율성과 불평등의 흐름은 시대에 따라 약화되고 강화되기를 반복하다가, 후대에 와서는 예속적 성격이 뚜렷하지는 않지만 훨씬 은밀하면서 본질적으로 전혀 달라보이는 움직임에 의해 심화되었다. 이 움직임은 겉으로는 그렇게 보이지 않았지만 칸트의 명제 역시 무시했다. 전례 없는 목적, 즉 **구매 행위를 꾸준히 자극하고 유도한다**는 목적을 위해 사람들의 정신에 영향을 끼치려고 했기 때문이다.

이렇게 해서 자본주의 세계와 불가분의 관계에 있는 광고가 탄생했다. 자본주의는 대다수의 신체를 생산 활동에 동원할 수는 있었다. 하지만 상업적 목적을 위해 인구 전체를 대상으로 작동하는 것은 도저히 용납되지 않았기에 매력적인 상품이 주는 환상을 자극하는 기술을 고안해야만 했다. 광고는 욕망을 자극하는 산업으로서 슬로건과 이미지로 포화된 환경을 조성했으며, 인쇄 매체, 민영 라디오, 텔레비전처럼 광고에 전적으로 의존하는 여러 매체의 요람이 되었다. 광고는 사람들에게 끊임없이 영향을 미치며 하나의 표준이 되었고, 소비사회가 번성하던 시기에는 극에 달해 칸트와 계몽주의자들의 촉구를 거침없이 모독했으며, 계몽의 빛 대신 전혀 다른 빛을 드리웠다. 빛나는 광고판, 형광 네온사인, 거대도시의 중심부, 우후죽순으로 생겨나는 쇼핑센터에서는 메시지를 띄워주는 전광판이나 스크린이 매혹적인 빛을 발했다.

이로써 점진적이지만 결정적인 전환이 일어났다. 18세기의 광고는 모두에게 공공 정보를 전파하고 시민들에게 계몽된 의식을 전파하는 정치적 방침으로 간주되었다. 하지만 현재의 상업적 광고는 이윤이라는 목적 하나로 사람들의 의식을 유도하는 일련의 과정이 되었다. 그리고 이 관행은 두 가지 요인으로 인해 나날이 정교해졌다. 첫째, 개인의 선택에 영향을 미치기 위해 투입되는 수단이 지속적으로 증가했다. 둘째, 광고를 과학적 체계로 정립하여 적절한 장소와 채널에서 캠페인을 벌이고, 가장 많이 관심을 가질 만한 사람들에게 우선 집중하고자 했다. 그 논리는 인구 집단을 끝없이 세분화하고 메시지를 표적화함으로써 주요 커뮤니케이션 이론에서 말하듯이 송신자와 수신자 간의 잡음을 감소시키는 방향이었다. 이것은 일종의 극한점 또는 결코 완전히 도달할 수 없는 지평이었지만, 판도를 완전히 바꾸는 기적이 일어났다. **인터넷이 도래하자 개인의 탐색 기록을 통해 관심사를 추적할 수 있게 된 것이다.**

개인의 일상을 프로파일링profiling하고 행동 변화를 해석하는 방식이 대번에 제도화되었다. 이는 1998년 구글이 창립하면서 도입한 모델에 기초하는데, 초기에는 스폰서 링크를 걸거나 사용자가 과거에 방문한 사이트에 맞춰 배너를 노출하는 방식이었다. 이 모델은 새로운 산업을 탄생시켰다. 바로 데이터 산업이다. 이 산업에서 개발된 정교한 테크놀로지는 인간의 욕망과 필요를 파악하고 방대한 정보를 다양한 방식으로 수익화하는 데 성공했다. 21세기 초반의 거대한 산업적·인류학적 단절을 일으킨 이 공리公理 체계는 한편으로 마를 새 없이 증가하는 이윤의 원천이 되고 있고, 다른 한편으로는 모두의 삶과 관련된 새로운 생활양식, 정확히는 전례 없는 삶의 조건을 제도화한다. 그러나 우리는 안락함, 일상생활의 편의, 모든 관심과 배려의 중심에서 느끼는 만족감을 이유로, 그것이 우리의 의식에 지속적으로 압력을 가하고 있다는 사실을 외면한다. 그러한 압력은 겉으로 드러나지 않는 방식으로 우리의 판단과 행동의 자율성을 조금씩 마비시킨다. 어떤 의미에서는 약 200년 전 알렉시 드 토크빌Alexis de Tocqueville이 일찌감치 간파했던 움직임의 절정이라고도 볼 수 있을 것이다.

그는 다음과 같이 우려했다. "인간은 욕망이 이끄는 대로 날마다 자신을 우연에 내맡기고, 오랜 노력으로만 얻을 수 있는 것은 완전히 포기하며, 위대하고 평온하며 지속되는 그 어떤 것도 정립할 수 없을 것이다."**48**

'감시 자본주의'는 단 한 번도 존재한 적이 없다. (자본주의가 사방에서 비난받던 시점인) 2010년대에 등장한 자본주의는 우리 각자와 유일한 관계를 맺고 만족과 안전을 살피며 실용적으로 '돌봄care의 정책'을 전개하고, 다른 어떤 인간도 줄 수 없을 통찰력을 지닌 것처럼 보였다. 그러나 이 자본주의가 수행하는 것은 수정에 수정을 거친 진화évolution가 아니라 근본적인 변모transmutation이다. 즉 다른 얼굴로 위장하려는 것이 아니라 말 그대로 자본주의로서의 자신을 사라지게 하려는 것이다. 2020년대가 끝나기 전 자본주의라는 용어는 적확성을 잃고 보편적인 내면의 소리를 내는 기계로 구현될 것이다. 이 기계는 우리 각자의 곁에 내면의 목소리를 생성하며 우리의 삶 또는 우리의 삶이 아닌 것non-vie에도 자신의 의미를 계속 부여한다. 두 세기가 지난 현재, 용기를 내어 우리의 이성을 사용하라고 촉구했던 칸트의 격언은 겉으로 볼 때는 하나의 규범처럼 보이지만, 의견이 홍수처럼 쏟아지는 '소셜 네트워크'에서 원뜻은 왜곡되고 본질을 상실한 개인적 신조가 되었으며, 계속 확장되며 은밀하게 행동을 명령하는 인공지능에 의해 가차 없이 매장당하고 있다. 필자가 2018년 출간한 저서의 부제를 '급진적 반인간주의'로 붙인 이유는 이 현상을 염두에 둔 것이다.**49**

자기 앞의 생
다수의 관객에게 열려 있는 텔레비전이나 영화관의 스크린은 여러 사람이 함께 시청하며 코멘트를 할 수 있는 독특한 형태의 사회적 관계를 제공한다. 반면 컴퓨터 그리고 여기에서 더 발전한 스마트폰의 스크린은 공유되지 않는다. 컴퓨터나 스마트폰을 쓰는 사람은 기기의 유일한 사용자이다. 물론 페이지나 이미지를 잠시 보여주는 등의 특정한 경우에는 주변 사람과 스크린을 공유하지만 공유 행위가 끝나면 다시 배타적으로 기기를 사용한다. 이러한 관점에서 우리는 컴퓨터와 스마트폰이라는 이 두 가지 도구와 매우 개인화된 관계를 맺고 있다. 바탕화면을 마음껏 정리하고 파일을 각각 전용 폴더에 분류하며 환경 설정을 변경하고 추억을 다소 비밀스러운 구석에 숨긴다. 시간이 흐르며 유대감은 강화되고 촉각적 관계는 여기에 새로운 차원을 부여한다. 우리는 기기의 세세한 면까지 완벽히 알고 있으며 정기적으로 청소한다. 긴급한 상황에서 잠시 빌려달라는 요청에 다른 사람이 기기를 사용할 때면 마치 자신의 일부가 침해받는 것처럼 느끼기도 한다. 어린아이가 애착 인형을 대하듯 이 두 기기는 오직 본인만이 소유해야 하며 그렇지 않은 경우 대상의 본질은 사라지고 만다. 세계 및 타인과 개인적이고 통제된 관계를 맺고 있다는 환상을 주도록 모든 것이 배치되어 있기 때문이다.

이 점에서 컴퓨터와 스마트폰은 지극히 개인적인 대상이다. 그 기원은 1970년대 중반의 '개인용 컴퓨터(PC)'라는 용어에서부터 드러난다. 우리는 이 개인용 컴퓨터에 정서적으로 애착을 쏟았을 뿐만 아니라 밤낮으로 함께 시간을 보냈다. 그러나 스마트폰이 등장하며 이 둘은 단순한 개인적 사용을 넘어 일종의 극단적 차원을 향하게 되었다. 현실 세계와 맺는 관계가 끊임없이 개인화되었기 때문이다. 일례로, 우리는 원하는 정보를 찾고 메시지를 주고받으며 사진과 영상을 찍는다. 재생목록에 있는 음악을 들으며 주위 사람과 일상 사진이나 의견을 공유한다. 애플리케이션을 직접 골라 설치해서 사용하며 창작물을 만들기도 한다. 컴퓨터와 스마트폰의 인터페이스는 더 순응적인 현실을 보여주면서 우리 손아귀에 자율적인 힘, 심지어 주도권이 주어져 있다는 환상을 준다. 어떤 이들은 앞으로 우주가 자신을 중심으로 돌아간다고 상상할 정도이다.

게다가 이 기기들은 세계를 향한 유일한 창이 되다시피 했다. 그러나 이 세계는 아무 세계를 향하는 창이 아니라, 최근 들어 등장한 대로 우리의 상황에 맞춰 조정되는 세계이다. 예컨대 델타항공이 미국 일부 공항에서 시험한 시제품을 보면, 안면 인식 기술을 통해 스크린을 보는 사람에게만 해당하는 정보, 예컨대 탑승구 번호, 걸어서 탑승구에 도착하기까지 걸리는 시간, 출발 예정 시각 등이 표시된다. 그 후 시스템은 자연스럽게 당신에게만 특별히 적용되는 프로모션이 기다리고 있으니 특정 상점에 가보라고 제안하고 승객의 성명을 부르며 '즐거운 여행'을 기원한다. **평행 현실**Parallel Reality로 불리는 이 테크놀로지는 2002년 개봉한 스티븐 스필버그Steven Spielberg 감독의 영화 〈마이너리티 리포트Minority Report〉에 등장하는 장치와 유사하다. 작가 필립 K. 딕이 지은 동명의 소설을 원작으로 한 이 영화에서, 톰 크루즈Tom Cruise가 분한 주인공의 콘택트렌즈에는 개인 맞춤 광고들이 표시되는 장면이 나온다. 오늘날 우리가 현실 세계와 맺는 극도로 개인화된 관계가 스크린이라는 프리즘을 통해 나오는 것이다.

이러한 경향은 이미 2010년대 초 구글 글라스Google Glass 기획 당시부터 나타났다. 이 제품은 한 눈으로는 주변 환경을 파악하고 다른 눈으로는 장소와 상황에 따라 각자의 '프로필'에 맞는 정보를 실시간으로 볼 수 있도록 했다. 예컨대 아테네의 파르테논 신전 앞에 서면 한쪽 렌즈에서 유적에 관한 정보가 표시되고 곧이어 근처의 스타벅스나 가장 가까운 헬스장에 대한 안내가 표시되는데, 이는 개인의 기호를 예측한 것이기도 하겠지만 위 장소에서 금전적 대가를 지불한 결과이기도 하다. 이러한 시퀀스는 유리 화면과 픽셀이 둘러싼 현실을 알고리즘에 맞춘 버전으로 만들겠다는 데이터 산업의 야심이 시작된 시점이라고 볼 수 있다. 후에 구글 글라스는 시장에서 철수했다. 어설프게 구현된 미래지향적인 디자인 때문이기도 했지만 무엇보다도 갑자기 지나치게 노골적으로 의도가 드러났기 때문이다. 일상 전반에 걸쳐 개개인과 전 세계의 모든 브랜드를 탯줄로 연결된 것처럼 지속적으로 연결시키고 이를 구글이 독점적으로 관리하려는 속셈 말이다.

수많은 성공을 거듭하며 더 앞서 나아갈 수 있다고 믿어왔던 구글이 결국 이 프로젝트를 포기한 이유는 여러 측면에서 지나치게 노골적이었던 탓이다. 그러나 데이터 산업 전체가 그러하듯 기저의 야심만큼은 포기하지 않았다. 그 야심이란, **계속해서 전지적인 유령들을 낳고, 이 유령들이 곧 픽셀 동굴 속에서 우리 각자에게 특별히 맞춰진 좋은 말씀을 밤낮으로 아낌없이 나누게 하는 것**이었다. 구글 글라스는 증강 현실의 일종으로 사용자가 직접 보는 현실과 한쪽 렌즈 위에 나타나는 정보를 중첩하는 기술을 통해 구현된다. 10년이 지난 현재, 이 테크놀로지는 고도화되었지만 주로 전문적인 용도로 사용된다. 현재의 지향점은 '자유로운 한쪽 눈'을 없애버리고 이 통합적 틀을 점점 자연스러운 환경으로 만드는 데 있다. 즉, 더 이상 소위 '증강된' 경험을 가능하게 하는 것이 아니라, 고정된 신체를 기반으로 한 하나의 생활양식, 더 넓게는 문명적 에토스를 구축하는 것이다. 어떤 식으로든 개인과 관련이 있다고 간주되면 세계의 모든 흐름이 우리 앞에 다가오는 광경, 단순한 지시만 내리면 우리의 가장 작은 욕망에도 세계가 끝없이 순응하는 광경을 목격하게 될 것이다. 이것이 알고리즘적 초현실주의이다. 우리는 가상 현실 헤드셋을 끼고 또는

II. 현실의 재가공

이보다 더 편리한 스마트 렌즈를 끼고 사무실에 앉아 있거나 거실에서 소파에 드러누운 채로 경험할 것이다. 이 유령과도 같은 흐름은 2010년대 초부터 시작되어 끊임없이 심화되었다. 주의하지 않는다면 이 흐름은 앞으로도 계속 심화할 것이고 결국 우리를 흡수하고 도취시키며 한 사람 한 사람을 지배하고 말 것이다. 이 과정을 주도하는 도구가 바로 메타버스와 생성형 인공지능이며, 이들은 언젠가 다른 형태로 나타나 다른 이름으로 불릴 것이다. 우리의 삶은 인공적 틀에 무한정 깊숙이 편입되고 어디로 가든지 결코 실수하지 않는 목소리들이 올바른 길을 알려주는 환경에 둘러싸일 것이다.

유령이 가득한 철창

사실 우리가 마주한 것은 매트릭스이다. 그러나 이를 사악하고 기만적인 의도에 흔들리는 영역이라기보다는, 현실 및 타인과의 거리를 매우 빠르게 제거하는 장소로 이해해야 한다. 그 대신 우리의 관계는 점차 유동적이고 형태가 불분명한 플라스마처럼 변해간다. 시스템은 소위 가장 적절한 행동을 쉴 새 없이 제안하기 때문에 우리의 고유한 충동을 무력화한다. 그 결과 행위의 메커니즘은 더 이상 의지에 기반하지 않고 끊임없는 자극에 반응하는 것으로 대체된다. 스마트폰이 등장한 후 인공지능이 기하급수적으로 발전한 결과이다. 알고리즘과 픽셀을 통해 세계와 맺는 관계가 개인화되자 인간이 가진 행동하는 힘, 즉 자율적 판단력, 의식, 책임감을 발휘하는 능력에는 재갈이 물렸다. 임마누엘 칸트는 1784년에 쓴 유명한 논문 〈계몽이란 무엇인가〉에서, 타인 또는 이미 글로 쓰인 진리에 인생을 의지하는 행위는 자기 포기와도 같다며 다음과 같이 지적했다. "이성을 대신할 책이 있고, 의식을 대신할 지도자가 있으며, 식이요법을 대신할 의사가 있다면 (…) 더 이상 피곤하게 애쓸 필요가 없다. 돈을 낼 수 있으니 생각할 필요가 없고, 나 대신 다른 사람들이 그 진절머리나는 일을 떠맡을 것이다."**50**

　　마치 오늘날 쓰인 것처럼 보이는 이 구절이 당혹스러운 이유는 인간의 수동성을 언급해서만이 아니다. 게으름은 언제나 우리를 노리고 있고 삶의 흐름과 개별 행위 모두 노력을 요구하며 그래서 비용을 지불하더라도 언제든지 손에 잡히는 수단을 활용해 지리멸렬한 일을 피하려고 할 것이라는 사실을 보여주기 때문이다. 지금껏 자기 자신이 선택했다고 믿어온 것들이 사실은 목적을 달성하고자 어떤 외부적 힘이 방출한 전기 자극에 대한 반응에 지나지 않는다면, 인간의 처지는 실험실의 쥐로 전락한다. 욕망 혹은 욕망의 시뮬라크르는 일종의 비디오 게임 속에서만 펼쳐진다. 이 세계에서는 우리가 바라는 것을 추정해 입맛에 맞는 메뉴만 제공하고, 그 속도는 프로세서에 달려 있다. 몰입형 환경에서는 뉴욕의 한 술집에서 누군가를 만나다가도 손가락을 튕기거나 말 한마디만 하면 곧장 세이셸 군도의 해변을 산책하며 혈압을 낮출 수 있는 것이다.

　　그래서 개인화의 원리는 눈속임과도 같다. **개인을 끊임없이 포지셔닝**하는 차원에 가깝기 때문이다. 무한하게 조직되고 구성되며 설계된 현실 속에서 각 개인은 거의 매 순간 적합하다고 추정되는 것을 제공받고, (지금까지는) 어느 정도 결정권의 여지도 가졌다. 그러나 시스템이 끊임없이 고도화되고, 계속 자신을 내맡기는 인간의 습성으로 인해 이 가짜 독립성은 어느 시점에선가 무너지고 말 것이다. 베르그송은 "현실은 그 자체로 변동성이다"라고 말했다.**51** 그의 명제는 사물이 끊임없이 그리고 언제나 차이를 가지고 새로워지고 이로부터 예측 불가능성과 놀라움이 생겨나며 그 필연적인 결과 우리는 통제력을 가질 수 없다는 뜻으로 읽혀야 할 것이다. 여기서 우리는 거짓된, 더 정확히 말하면 부정당한 변동성을 마주한다. 왜냐하면 그 변동성을 발생시키는 연산은 이해관계만이 아니라 우리 마음에 문득 떠오르는 가장 사소한 바람에 의해서도 변하기 때문이다.

이런 맥락에서 거의 감지할 수 없지만 '유령으로 가득한 픽셀 철창'이 형성되고 있다. 이는 막스 베버Max Weber가 말한 '철창'에 빗댄 표현이다. 베버는 산업화와 자본주의화를 거친 사회에 내재된 극도의 합리화 과정을 철창에 비유하면서, 대다수가 냉혹한 철창에 갇혀 있다고 말했다. "현대 경제 질서에서 나온 강력한 우주는 모든 이의 생활양식에 저항할 수 없는 강제력을 행사하며, 모든 이는 강철처럼 딱딱한 기계의 조종석에서 태어난다."**52** 우리를 끊임없이 조이고, 낯선 질서에 종속시키는 현시대의 철창은 굴욕적인 타율성에서 비롯되었지만 전혀 억압적으로 보이지 않는다. 매혹적인 장신구로 치장한 채 일종의 마성을 뿜어내고 인체공학적 편리함을 제공하며 거의 모든 요청을 들어주는 '황금' 철창인 것이다.

우리의 상상계는 점차 본질을 잃어간다. 욕망과 마찬가지로 상상계 역시 사람 및 사물과의 거리에 달려 있기 때문이다. 상상계는 현실을 재구성하지 않고 여러 표상을 만드는데, 이것들은 현실 법칙에서 일부분 벗어나 있고 고유하며, 살아온 인생이나 타인과의 관계, 호기심, 발견, 독서 등에 의존한다. 수많은 정신적 지평은 거친 일상을 건강한 방식으로 견뎌내도록 도와주고 창조적 능력을 발휘하도록 북돋우며 말 그대로 하나하나가 독자적이면서 **비범한** 세계들을 구축하도록 이끈다. 그뿐 아니라 상황을 다르게 바라볼 수 있도록 하는 고유한 시적 가능성 또는 매우 정치적인 가능성을 제공한다. 이러한 작용이 생명력에 불을 지피므로, 우리는 현실을 능동적이고 때로 비밀스러운 방식으로 대할 수 있는 것이다. 장 폴

사르트르Jean-Paul Sartre는《상상계L'Imaginaire》에서 "상상력은 인간의 자유를 드러낸다"고 썼다.**53** 우리가 가진 근원적 불만과 그 불만에서 파생되는 창의성은, 각자의 관점에 맞춰 무한정 편리하고 유리하게 설계되는 전혀 다른 환경이 등장하면서 소멸하는 중이다. 부적절한 것이나 간극은 사실상 축출되고, 이에 따라 다양한 목적 아래 현실을 다시 빚어내려는 열망도 모두 뿌리 뽑힌다. 보드리야르가 당시 시뮬라시옹의 세계로 예를 든 디즈니월드를 보자. 배경은 비록 조악한 가짜였고 시간적 시퀀스도 매우 제한적이었지만 어떤 점에서는 상상계를 자극했다. 하지만 이제 그 디즈니월드는 옛일이 되었다. 현실에 작용하는 모든 의도성은 점차 희미해지고 오늘날 그 자리를 순응의 체제가 지배한다. 그리고 우리 자신의 본능적인, 거의 원초적인 부분이 지적 활동을 대신한다. 이를 위해 모든 형식이 동원되는데 먼저 로봇은 발화 능력을 담당하고 우리의 재현 욕구를 충족시킨다. 그뿐 아니라 빛, 이미지, 맞춤형 인공 음성으로 구축된 환경은 우리에게 더 이상 노력하지 않아도 되는 꿈같은 삶이 새로운 삶의 표준이 되었을 뿐 아니라, 표준 바깥에 있는 것들은 모두 지옥 같다고 은밀히 속삭인다. 무슨 수를 써서라도 현실이라는 지옥에서 도망치라고 말이다.

II. 현실의 재가공

3. 생성형 인공지능의 전환점

프롬프트주의의 보편화

의지와 의도의 차이를 다시 짚어볼 때가 왔다. 의지는 큰 목표를 향한 추진력에 해당한다. 예를 들어 명문대에 들어가거나 더 건강하게 살고자 하는 것이 의지이다. 목표를 달성하려면 그에 상응하는 일련의 수단을 동원해야 한다. 그러나 의지는 두 가지 한계에 부딪힌다. 첫째, 실현의 성공 여부는 불확실하다. 둘째, 수단이 적용되는 방식이 완벽하게 적절하다고 결코 간주할 수 없고 그 효과가 보장되지 않는다. 따라서 의지가 목표에 도달하려면 불확실성과 시행착오가 반드시 수반된다. 한편 의도는 비슷한 종류의 추진력이지만 시간적 한계가 있고, 대수롭지 않다고 할 정도로 한정된 목적을 가진다. 예를 들어 초저녁에 장을 보러 갈 의도는 가질 수 있어도 어떤 마트를 어떤 시각에 가겠다는 의지를 가지지는 않는다. 비록 그 의도가 의지에서 비롯되었더라도 말이다. 이렇듯 의도는 언제나 구체적 상황에 놓이기 때문에 실용적이고 꽤 현실적인 차원에 속한다. 바로 이 본질적 차이가 보조적prothétique 기술을 인지적 테크놀로지와 구별하는 경계선 역할을 한다. 보조적 기술은 초기 의지의 산물이다. 예컨대 구텐베르크Gutenberg가 문서를 기계적으로 동일하게 복제하려 했던 의지는 일반적이고 불확실한 목표를 지녔으며, 이를 구현한 것이 그 유명한 인쇄기이다. 한편 인지적 테크놀로지는 자동화된 정보 분류 시스템인 정보학에 기반하며, 애초부터 의도에만 응답하도록 만들어졌다. 의도들은 계속해서 빠르게 늘어났고 그때마다 구체적인 목적의 정보 처리가 이루어졌다.

정보 시스템의 고유한 특징은 범위가 뚜렷이 한정된 무수히 많은 응용 프로그램의 설계를 촉진한다는 점이다. 이는 코딩의 원리 때문인데 코딩은 구조상 큰 목표가 아니라 구체적인 목적을 지향한다. **한발 더 나아가, 각 코드 행은 명령에 응답하도록** 짜여 있다. 우리는 칼이나 자전거를 향해 명령을 내리지 않는다. 그저 적절한 행동으로 조작할 뿐이다. 구체적인 의도에 부합하는 명령(예를 들어 문서 작성, 사진 보정, 음악 재생 등)을 **수행하는 것은 알고리즘이다.** 연산 테크놀로지는 주로 숫자의 조합으로 이루어져 있고 새로운 기능을 끊임없이 설계하도록 촉진하며 이 점에서 지속적인 잠재력이 있다. 디지털은 모든 것을 극단적으로 세분, 구분, 분리하며 각 요소가 정해진 위치에 오도록 엄격하게 배분하는 고도로 정교한 과학이자 기법이다. 기호로 이루어져 있으면서도 현실의 구성 요소를 무한히 분할할 수 있는 수학처럼 말이다. 일상에서 자연어를 사용하면 문자를 배치하여 거의 모든 것을 말할 수 있듯이 디지털에서는 '정보 언어'를 사용한다. 컴퓨터 코드의 기본 요소들을 적절하게 조작하면 디지털이라는 틀에서 실현될 수 있는 거의 모든 의도에 응답할 수 있다.

(연산 능력의 지속적 확대, 알고리즘의 정교화 그리고 하드웨어의 고도화에 힘입어) 이러한 의도가 증가하면서 훨씬 더 비범하고 전례 없는 행동이 가능해졌다. 예를 들어 1970년대 후반에 접어들자 우리는 '바탕화면'의 커서를 움직여 파일을 열었고 매우 단순한 인터페이스의 게임에서 스크린에 나온 테니스 라켓 같은 것을 조종하려고 조그 스위치를 돌렸다.* 다시 말해, 프로세서나 **전용** 장비만을 통해 코드에 통합된 명령을 수행할 수 있었다. 이렇게 정보 언어는 새로운 욕망을

---

*   1972년 미국 아타리Atari사에서 출시한 게임인 퐁Pong을 가리킨다.

수없이 낳았고, 특정한 종류의 욕망으로 가득 찬 판도라의 상자를
열었다. 끊임없이 심화되면서 어떤 한계도 보이지 않는 듯한 이런
흐름을 통해 우리는 2000년대 초부터 나타난 수많은 현상을 이해할 수
있다. 효용주의를 숭배하던 20세기에 근본적으로 효용주의적 성격을
띤 정보학이 발전한 것은 우연이 아니다. 정보학의 에토스는 다시금
매우 심화되었고 전면적으로 세계와 우리 정신의 구조를 형성했다.

    이 점에서 정보학의 역사를 모두 살펴봐야 한다. 특히 1990년대
말 인터넷이 보편화된 이후 개인과 조직이 시스템을 손에 넣게 되면서
수많은 의도가, 심지어 가장 사소한 의도까지도 실현 가능해졌고 이는
표준이 되었다. 행위가 디지털화되면서 효용주의는 심화되었고 권력의
테크놀로지도 새롭게 부상했다. 어떤 차원의 상황이든 세분화하고
분할하여 분석하는 테크놀로지는 기업 내에서 사용되다가 현대 경영
시스템에서 남용되기에 이르렀다. 이 맥락에서 지난 수십 년 동안
떠오른 신자유주의는, 도구주의적 목적을 위해 현실을 무한히 작게
분할하는 작업과 떼어놓을 수 없다는 점을 이해해야 한다. 지난
15년 동안 급속히 확산된 스마트폰의 **애플리케이션**도 이런 관점에서
이해해야 한다. 때로 셀 수도 없이 많아 보이는 애플리케이션들은
점점 더 다양한 목적을 위해 정보를 효용주의적으로 활용하고,
일상의 시퀀스들을 소시지처럼 잘게 나누는 현상이 지배적임을
보여준다. 이와 더불어 오늘날 우리 의도에 응답하는 시스템의 능력은
일상적으로 사용되는 것을 넘어 **현실의 형태를 결정하기에 이르렀다.**
    즉, 시스템이 삶의 흐름에 즉각적으로 미치는 영향은
실시간으로 발생하며 어디에서나 볼 수 있다. 예를 들어
애플리케이션의 제안에 따라 이동 경로를 선택하면 마치 군무처럼
수많은 차량의 경로가 조정되고, 온라인 전용 플랫폼의 음식 주문에

따라 세계 대도시에서 자전거나 스쿠터를 탄 배달원들의 행렬이
늘어나며, 데이팅 사이트에 선호하는 조건을 입력하면 부합하는
사람들이 매칭된다. 자동화된 시스템은 증권을 매매하고 프린터가
온라인 상점에서 잉크 카트리지를 주문하는 등 인간의 개인적·사회적
삶에 적극적으로 개입한다. 나아가 미래의 자율 주행 차량은 통합
센서를 탑재하고 사방에서 수집된 데이터를 실시간으로 처리하며
운행할 것이다. 흩어져 있는 방대한 양의 연산, 알고리즘, 프로그램,
시스템은 자체적으로 작동하면서 무수히 많은 구체적 목적들에
응답하고, 현실 세계는 이 흐름에 더더욱 의존할 것이다.

그런데 (명령에 따라 작동하는) 기계에 명령을 내리는 행위가
보편화되면서 소위 '명령주의의 일반화'는 교묘하고 예상치 못한
반전을 맞이했다. 인간이 기계에 명령을 내릴 뿐 아니라 기계가 자기
자신에게 명령을 내리는 것까지 허용했고 그 결과 인간이 다시 기계의
명령을 받게 된 것이다. 이 메커니즘의 상징은 우리가 여러 플랫폼에서
받는 추천이다(대부분 상업적 목적을 위해 이런저런 행동이 제안된다).
물류센터에서 사용되는 절차를 본떠 사회에서도 여러 신호들이 사람의
움직임을 거의 밀리미터 단위로 조정하는 모습을 볼 수 있다. 오늘날의
행위 체제에는 혼란이 생긴다. 행위의 발원지가 우리 자신의 의지인지,
전능한 로봇인지, 다양한 목적으로 우리의 행동을 유도하고자 말을
거는 유령인지 알 수 없기 때문이다.

이러한 현상은 생성형 인공지능의 등장으로 완전히 새로운
차원에 들어섰다. '생성형'이라는 말 그대로, 말이나 글로 간단히
명령을 내리면 전례 없는 언어와 이미지를 불러올 수 있다. 영어로
프롬프트prompt라고 부르는 이 행위의 뜻은《케임브리지 사전Cambridge
Dictionary》에 따르면 '**무엇을 말하거나 하도록 결정하게 하다**to make

someone decide to say or do something'이다. 명령을 지체 없이 수행하는 신속하고 즉각적인 응답이라고 볼 수 있다. 그리고 텍스트, 음성, 가상 이미지를 생성하도록 시스템에 명령을 내리면 매우 복잡하게 얽히고, 심지어 혼란스러운 구조에서 작업이 이루어진다. 이 구조에서 인간이 기계에 명령을 내리는 동시에 프롬프트에 설계된 로직이 다음과 같이 작동한다. 인간 스스로 내린 결정에 따라 프로세서가 말하거나 작동한다고 우리가 생각하게 하는 것이다. 사실 프로세서의 유일한 목표는 인간의 행동에 영향을 미치는 것뿐인데도 말이다.

챗GPT를 비롯한 여러 시스템은 우리의 요청에 응답하는 데 그치지 않는다. 유령처럼 바람직한 행동을 공공연히 알려주기도 하고, 최대한 자연스러운 말투로 마음을 은밀히 사로잡으며 외부의 시각에 맞춰 행동하도록 부추긴다. 메타버스와 생성형 인공지능이 교차하며 완전히 새로운 환경 또는 생활양식을 형성하는 것이 바로 이 지점이다. 우리는 가상 현실 헤드셋을 착용하고 북극권의 오로라 환영을 구경하거나 픽셀로 만들어진 도쿄를 '산책'할 수 있게 해달라고 요청할 수 있다. 하지만 사실 이 방식은 끊임없이 우리의 손을 이끌거나 은밀히 유도한다. 챗GPT를 위시한 여러 유사 시스템들이 어떤 의도도 없는 텍스트를 산출할 뿐이라고 누가 믿겠는가? 심지어 이 구조는 이미 빙Bing이나 바드Bard*에서 실현된 바 있다. 전자는 마이크로소프트의 대화형 에이전트이고 후자는 검색엔진이다. 이들은 요청에 따라 콘텐츠를 작성하고, 우리가 내리는 결정이 (생성된 텍스트에 자사 콘텐츠가 노출되도록 비싼 대가를 치른) 기업들의 이익에 부합하도록 교묘히 유도한다. 로봇이 만드는 언어는 행동 방향에 영향을 미치고

---

* 2024년 이후 제미나이Gemini가 되었다.

수많은 이익에 의해 추동되며 진리에 준하는 가치를 지닌다. 이 언어는 1945년, 프랑스 현대 시인 폴 발레리가 남긴 통찰력 있는 발언과 놀라우리만큼 공명한다. "권력이란 한 사람, 여러 사람, 나아가 모든 사람의 행위를 복종시킬 수 있는 조건을 소유하는 것이다. 권력을 가진다는 것은 주인으로서 말할 수 있는 것이다. 따라서 사람들은 담화를 가진 자, 말을 가진 자에게 복종한다."**54**

장담컨대 2020년대와 2030년대는 프롬프트의 시대, 즉 프롬프트주의가 보편화된 시대가 될 것이다. 테크놀로지·경제 복합체는 점점 더 효율적인 시스템을 제공하며, 우리가 수행하던 인지적이고 창의적인 일을 대부분 수행해주겠다고 제안한다. 까마득한 옛날부터 학습, 협력, 신체와 정신의 노력을 요구했던 활동은 쓸모없는 구식이 되고, 인간은 프롬프트를 입력할 따름인 존재로 전락할 것이다. 우리가 한 번만 요청하면 인공 피티아*****는 날마다 기업의 전략을 수립하고, 생산성이 떨어지는 직원이나 더 이상 필요 없는 직원을 알려주며, 메시지·편지·연설문을 작성하고, (필요하다고 주장하며) 장보기 목록을 만들며, 하루 일정을 계획하고, 생소한 도시에서 체류 계획을 세우며, 우리 각자의 입맛에 맞는 소설, 영화, 음악까지 창작할 것이다. 이 산업화는 모든 사람에게 올바른 방향을 계속 제시하는 것은 물론이거니와 가장 사소한 변덕까지 매번 충족해준다. 소파에 늘어져 우리보다 한없이 우월한, 집사 같은 시스템에 모든 것을 기대하는 자세가 개인과 집단의 정신에 끼칠 영향을 상상할 수 있는가? 이러한 환경은 외부 세계를 향한 충동과 지적 능력을 위축시키지만 그 악마

---

* 고대 그리스의 델포이 신전에서 신탁을 받던 무녀.

같은 구조는 모두가 각자 이익을 본다고 믿게끔 유도한다. 현재 작동하는 양자量子적 프랙털 삼위일체에 또 다른 프랙털 삼위일체가 중첩되고 있다. 바로 **효용주의만을 중시하는** 프롬프트적 프랙털 삼위일체이다.

그 첫 번째 층위에 놓인 것은 오늘날을 지배하는 테크놀로지 체제로, 로봇은 프로그램에 전사된 수많은 명령을 받아 수많은 일을 수행한다. 두 번째 층위에는 이 체제를 사용하는 사람들이 살며 자신의 의도에 응답하도록 명령한다. 마지막으로 세 번째 층위에 있는 사회는 인간이나 기관이 만든 명령으로 포화되어 단순히 기계를 작동시키는 광경을 연출한다. 이런 점에서 우리는 모두 숨을 헐떡이며 정해진 목표를 오직 실시간으로 달성하려는 시대에 들어서고 있다. 최근까지 효용주의는 최대한 많은 행위를 실현시켜 최적화된 이윤 창출 질서가 지속되도록 했다. 그러나 인간과 사물의 움직임에서 수없이 많은 시퀀스는 여전히 이 논리를 벗어났다. 프롬프트 산업은 인간의 명령을 세계의 기업들과 연결하는 인터페이스를 약속하기에 앞으로 헤게모니를 장악할 것이다. 그 결과 이 에토스와 우리 삶은 뒤섞이고 전면적인 (또는 말하자면 급진적인) 영향력을 행사하게 될 효용주의가 도입된다. 그렇게 되면 이 시스템에 해당하지 않는 모든 것들은 쓸데없이 시간과 효율성을 낭비하는 것, 가끔 바람을 쐬러 가는 정도의 것으로 취급될 것이다. 물론 그렇게 생각하는 쪽은 훨씬 드물겠지만 말이다.

재현의 혼란

우리는 알고 있다. 혼란스러움은 매혹의 요소가 될 수 있다는 것을. 모든 것이 현실을 반영하는데도 아무것도 그 현실에서 비롯되었다고 여겨지지 않는다. 사이버틱한 색깔, 이상적이고 완벽한 젊은 여성들의 얼굴과 몸, 도시 풍경, 인테리어와 가구 배치, 옷, 오브제 등은 순간을 포착한 듯 현장감 넘치게 찍혔지만, 이 중 어떤 요소도 있는 그대로의 것이 아니다. 한국 걸그룹 블랙핑크Blackpink의 노래 〈셧 다운Shut Down〉의 뮤직비디오에서 우리는 여러 해에 걸쳐 작동한 최첨단의 재현 체제, 즉 **구별불가능성의 체제**régime de l'indistinction를 경험할 수 있다. 디지털 카메라, 보정, 크로마키용 '그린 스크린', 합성 이미지 등을 사용하기 때문이다. 여기에서 직접 인식한 것을 만들어진 것과 구별하는 일은 불가능할뿐더러 각 픽셀은 연산을 통해 재구성되고 온갖 종류의 조작(형태, 색감, 조도 등)을 거친다.

이런 방식은 현실을 비판적으로 보게 하는 브레히트Brecht식 기법을 연상시킬 만큼 의도를 감추지 않고 꾸밈없이 스스로를 드러내려는 의도가 뚜렷하고, 그 결과 형용 모순적이지만 **비현실적인 현실**을 낳는다. 이 상징적 차원을 가장 먼저 미적 기준으로 삼은 케이팝은 'Z세대'에게 강력한 매력을 발산했는데 이는 일종의 철학이었기 때문이다. 이 철학은 현실에 더 이상 의존하지 않아도 완전히 새로운 기반, 즉 현실에 뿌리내리지 않는 도취적인 기반에서 상상의 것이나 삶의 관념을 만들어낼 수 있고 심지어 이것이 바람직한 원리라고 주장한다.

뮤직비디오에 나오는 젊은 여성들의 모습에서 이러한 차원이 한층 심화된다. 블랙핑크가 데뷔한 한국은 브라질과 함께 성형수술을 가장 많이 하는 국가이다. 보드리야르가 말한 시뮬라크르의 편재성이 그야말로 살과 삶에서 육화된 수준이다. 현실을 구성하는 요소들을 원하는 대로 재정의하는 것은 현시대의 자연스러운 태도habitus이자 엔터테인먼트 산업의 새로운 수익원이 되고 있다. 블랙핑크의 뮤직비디오를 비롯한 수많은 제작물에서 나타나는 이미지의 체제를 '아바타 미학'이라 부를 수 있을 것이다(2009년과 2022년 개봉한 제임스

II. 현실의 재가공

카메론James Cameron 감독의 영화 〈아바타Avatar〉 시리즈에서 착안했다). 이 체제는 머지않아 주류가 될, 즉 점점 더 **현실을 방기하는** 방향으로 나아가는 재현 방식의 최전선에 있다고 볼 수 있다.

　　재현의 본질은 기존의 요소와 관계를 유지하는 것이다. 고대 로마의 박물학자인 대 플리니우스Gaius Plinius Secundus가 쓴 신화에 따르면 회화는 한 소녀의 기발한 생각에서 기원했다고 한다. 사랑하는 이가 눈을 뜨면 기한도 없이 이역만리로 떠나야 하는 상황에서 소녀는 그가 잠든 사이, 자신의 얼굴 뒤에 등불을 두고 그림자가 벽에 비치게 한 뒤 '윤곽을 따라 선을 그렸다'.[55] 소묘와 회화는 물론, 빛이 감광면에 작용해 상이 맺히는 사진의 시대에 이르기까지 유사성의 원리는 시대를 거치며 변함없이 유지되었다. 모든 시뮬라크르는 흔적, 즉 여전히 남아 있지만 달라진 자취에서 비롯된다(이와 관련해서는 현대 프랑스 미술사학자이자 철학자인 조르주 디디-위베르만Georges Didi-Huberman의 저작을 일독하길 권한다[56]). 비재현적 사진을 추구한 역사이건 회화의 추상주의이건 모두 예술의 자율성을 옹호하며 외부 구성 요소에 의존하지 않으려 했지만, 두 사조가 현실과 완전히 결별했다고 해석하는 것은 오해이다. 현실과 결별하고자 어떤 이미지의 체제와 결별한 것은 분명하지만 그 목적은 새로운 현실이 등장하도록 하기 위해서였다. 지시 대상에서 해방되고 지각할 수 있는 순수한 형태만으로 이루어졌으며 지각을 다른 방식으로 또는 한층 더 자극하는 현실 말이다.

　　이미지, 즉 재현의 특징을 논해보자. 구석기부터 비잔틴, 르네상스, 고전주의, 인상주의, 표현주의 등을 거쳐 변함없이 이어져온 생각은, 이미 존재하는 어떤 것이 무한히 다채로운 방식으로 변주된다는 점이다. 즉, 본질적으로 세계와 능동적인 관계를 맺는

것이다. 예를 들어 라스코 동굴 벽화에서 드러난 형상들은 그저 보는
행위에 만족하지 않고 자신이 인식한 우주를 감각적이고 독창적인
방식으로 보여주려 했던 문명과 그 존재 방식을 잘 드러낸다.
이는 현실과의 관계가 모호trouble하다기보다는 동요trouble되고
불만족스러운 상태임을 뜻한다. 그래서 현실을 구성하는 일부 요소를
재구성하고 다르게 배치하며 감춰진 차원을 몇몇 드러내지만 결코
현실을 거부하지는 않는다. 예술 작품이 **상상력**에 호소하는 이유는
언제나 현실의 편린과 인간의 창조적 힘이 서로 대립하도록 하기
때문이다.

　　그런데 이와 정반대로 생성형 인공지능의 방식은 '창의적
의존dépendance inventive'이라 부를 수 있는 역학을 근본적으로
무력화한다. 인공지능은 무궁무진한 이미지와 연관된 설명문으로
구성된 데이터베이스에서 '학습'이라는 기술을 통해 자료를 끌어와 단
한 줄의 묘사만으로도 몇 초만에 가짜 회화, 사진, 그림을 생성한다.
예를 들어 '어느 여름 오후, 지중해 해변에서 다섯 살 난 아이가 즐거운
표정으로 모래성을 쌓는 데 몰두하고 있다'라고 입력하는 것이다.
같은 방식으로 영상 시퀀스를 제작할 수도 있는데, 많은 플랫폼 중
메타의 메이크어비디오Make-A-Video가 그 예이다. 이 원리의 전제는
색인화된 이미지를 기반으로만 매번 다른 이미지를 생성할 수 있다는
점이다. 예컨대 대학생이 과제로 자신만의 작품을 만들기 위해
과거나 동시대의 예술 작품을 먼저 접하는 방식이 아니다. 오귀스트
르누아르Auguste Renoir는 '미술관에서 그리는 법을 배운다'고 했다.
이는 역사적 유산이나 현존하는 작품은 결코 데이터베이스처럼, 즉
기록된 부동의 사실로만 간주될 수 없고, **다시 자기 것으로 만드는
과정**을 무한 반복함으로써 이어지고 확장된다는 말이다. 즉 기계가

명령에 '부합하는' 방식으로 응답하도록 프로그래밍된 것과는 매우 거리가 멀다.

역사상 최초로, 언어와 도상iconique이라는 근본적으로 다른 두 상징 체계가 서로 완벽하게 대등하다는 가정하에 직접 치환translation하는 재현 방식이 등장했다. 문장은 의미를 지시하고 단어도 사물을 가리킨다. 하지만 이미지는 그 성격이 무엇이든 형태, 선, 색채로 이루어져 있을 뿐, 지시 대상이 엄밀히 대응되고 분류된 기호 체계에 속하지 않는다. 따라서 언어가 의미의 영역에 속한다면 이미지는 지각perception의 영역에 속한다(이미지가 사유를 발생시킬 수는 있지만, 그 출발점은 어디까지나 최초의 감각이다). 이제 앞으로 이미지는 언어에서 직접 파생되거나, 요청, 키워드, **프롬프트**에서 생성될 것이다. 그러나 이미지는 결코 명령의 결과가 아니다. 이미지는 사유, 공상, 행동, 시도, 망설임, 실패, 영감의 산물이다. 담화의 지배에서 한 발자국 떨어져 진행되는 작업의 총체이다. 이 점에서 생성형 이미지라는 체제는 거대한 단절을 불러왔는데, 그 **발원지는 이미지를 독점적으로 지배하는 로고스**이다. 그러나 이 방식은, 예컨대 성경의 한 장면을 배경으로 둔다면 하나의 서사를 토대로 각자 (양식과 구도가 모두 다른) 고유한 그림을 구상하지 않는다. 이 알고리즘의 틀에서 이미지의 내용을 규정하는 것은 진술이며 언어의 이성만을 우위에 두는 통제 의지에서 비롯된다. 그러므로 이는 예술 행위와는 정반대이다. 예술 행위에는 기획에서부터 실현에 이르는 요소들을 사전에 일치시키고자 하는 야심이 없다. 오히려 자유로운 실험에 자신을 맡기고, 다양한 길을 모색하고자 구상하거나 꿈꾸며, 결국 어느 시점에는 결정을 내리고, 그 모든 과정을 거쳐 자신의 고유한 서명을 남긴다.

이것이 바로 새로운 이미지 체제가 출현했다고는 절대 말할 수 없는 이유이다. 정확히 말하면 **만물을 통제하려는 우리의 의지가 도상학적 차원에서 확장**된 것이다. 차라리 재현의 정신질환적 순간이라고 지칭하는 편이 더 정확할 것이다. 우리의 환경은 현실에 내재된 우연성을 점차 벗어나는 대신 개인이나 기관의 의도와 명령에 의해 또는 완전히 자동화된 방식으로 조금씩 변화하는 듯하기 때문이다. 예를 들어 시각적으로 업무에 최적화된 분위기(차분하거나 활기찬 느낌을 떠올려보자)나 상업 활동을 가장 활성화하는 분위기를 '조성'하는 것이 목표가 된다. 고등학교 역사 수업에서 고대 이집트나 그리스를 다룬다고 해보자. 학생들은 교사의 설명이나 교과서에 의존하기보다는 가상 현실 헤드셋을 착용한 채 아바타가 되어 가상 환경을 거닌다. 그리고 당시의 시장을 재현한 공간에서 건축물, 의복, 생산품을 살펴보고 현지인들과 대화하며 이들의 생활 방식과 풍습을 묻는다. 뒤이어 부유한 지주, 권력자, 심지어 통치자와도 의견을 주고받는다. 각 학생은 자기 뜻대로 '자유로이' 이 세계를 방문할 뿐만 아니라 본인의 프로필에 나온 정보를 기반으로 알고리즘의 제안을 받는다. 이를테면 눈에 띄게 부족한 부분을 보완하거나 알고리즘이 학생의 관심사를 이미 정리해놓고 이에 따라 지식을 확장하도록 권장하는 것이다.

최대한의 획일성을 확보하는 것이 교육 방법론의 궁극적 모범으로 확립되고 있다. 하지만 과연 이를 교육 방법론이라고 계속 부를 수 있는지는 의문이다. 교수자를 잡음을 생성하는 존재, 필연적으로 구식이 되어 사라질 관습을 주도하는 자로 보는 관점이기 때문이다. 마치 2011년 출간된 어니스트 클라인Ernest Cline의 소설 《플레이어 원Player One》(2018년 개봉한 스티븐 스필버그 감독의 영화 〈레디 플레이어 원Ready Player One〉의 원작이다)에 그려진 세계와도 같다. 이 세계의 교육 시스템은 각 학생에게 맞춤형으로 설계된 가상 현실로만 제공되며 교육과 관련된 공공 투자는 훨씬 축소된다.[57] 그리고 이와 같은 추세는 공공과 민간을 막론하고 앞으로 수없이 많은 서비스에 적용될 것임을 암시한다. 정확히 이러한 이유에서 현재 우리 눈앞에 펼쳐진 세계는 2011년 작품인《플레이어 원》이상이지만, 메타버스와 생성형 인공지능이 교차함에도 불구하고 평행 세계라고 할 수는 없다. 우리가 목도하는 세계란, 강제적으로 그 세계의 결함을 제거하고 재구성하여 그 결과 초개인화된 관계만을 제공하고 비용 절감 효과와 함께 새롭고 거대한 이윤의 지평이 열리는 세계인 것이다.

미드저니나 달리처럼 모두가 이용할 수 있는 이미지 제작 도구가 대규모로 출시된 것도 마찬가지이다. 스탈린의 세계, 현대적 독재의 세계, 의도적 거짓 환상의 세계는 한없이 정교한 양상을 보인다. 원한다면 누구나 이를 마음껏 이용하고 즉각 결과를 얻을 수 있다. 우리의 영혼과 사회 전체가 받을 영향은 상상조차 하기 어렵다. 가짜 이미지fake picture와 알고리즘으로 생성된 텍스트가 난무한 환경에서 사람들은 최고의 속임수나 최악의 궤변을 통해 대중을 설득하려 발버둥질한다. 대부분의 대중은 환멸, 분노, 극단적인 증오에 이미 영향을 받은 상태이다. 우리는 구별불가능성이 일반화되는 시대에 진입하고 있고 이는 정신적 혼란을 심화하는 산업을 조장할 것이다. 바로 어떤 텍스트나 이미지가 인공지능으로 만들어졌는지 판별하는 인공지능을 개발하는 산업이다! 머지않아 구별불가능성이 일반화되는 체제에서 우리의 감각은 농락당할 뿐만 아니라, 모든 공통 지표마저도 제거당할 것이다. 즉 사회의 근간 그 자체를 구성하는 원리가 무너져 내리기 일보직전이다.

우리는 산업혁명과 제2차 세계대전 이후 승승장구해온

합리화의 명령과 효용주의적 정신이 상징 체계로 확산되는 혼란스러운 시기를 살고 있다. 한편 시詩는 상징주의의 대표 시인인 스테판 말라르메Stéphane Mallarmé의 표현을 거칠게 빌리자면, 우리가 언어를 단순한 소통의 도구나 "교환을 위한 천박한 화폐"로 사용하는 방식에서 벗어날 수 있는 고귀함을 증언한다.**58** 또한 회화는 완전한 자유를 구현하는 시도이다. 수많은 경우 중 카라바조Caravaggio를 들자면, 그는 성스러운 장면을 일상적인 틀에서 묘사하거나, 명암의 대비 효과를 주고자 배경을 넓게 검은색으로 칠해 굳어진 관습을 변주했다. 요컨대 모든 형태의 예술이 인간 고유의 능력을 고양하여 현실과 재료를 주관적이고 끊임없이 새롭게 구성하도록 하는 반면, 생성형 인공지능은 필연적으로 언어와 이미지에 대해 철저히 도식적이고 도구적인 관계만을 강조하도록 한다.

스테판 말라르메와 그의 가장 명석한 제자이자《정신의 위기La Crise de l'esprit》의 저자인 폴 발레리가 문화에 가해진 이 형언할 수 없는 신성모독을 목격했다면 아마도 그 자리에서 쓰러져 죽거나, 반대로 이 공격에 맞서 그 어느 때보다도 시적이고 정치적으로 살아가야 한다고 촉구했을 것이다.**59** 우리의 근본 능력을 절대로 포기하지 않고, 독창적으로 능력을 발휘하려는 노력을 기뻐하며, 각자의 역량 내에서 타인의 세계를 풍요롭게 만들라고 말이다. 이는 우리의 지성, 감각, 타인과 맺는 관계, 다시 말해 개인과 공동체 차원의 정신적 생명력이 달린 문제이다. 그렇기에 우리는 소리 높여 단호하게 말해야 한다. 인공지능을 고도화하려 열심히 애쓰는 자들, 오만하기 그지없는 태도로 '이 시스템은 우리가 자기 자신에게 더 높은 기준을 부과하게 할 것'이라 주장하는 자들, 점점 더 미쳐가는 기술 낙관주의에 순응하는 자들, 오직 자신의 이익만을 추구하는 자들은 그야말로 허풍선이며, 무엇보다 인간의 조건에 반하는 범죄자에 불과하다고 말이다. 우리의 존엄성과 정직성, 창의성이야말로 이 절박한 순간, 어떤 역풍에 맞서서도 몸과 마음을 다해 지켜내고 가꾸어야 할 것들이다.

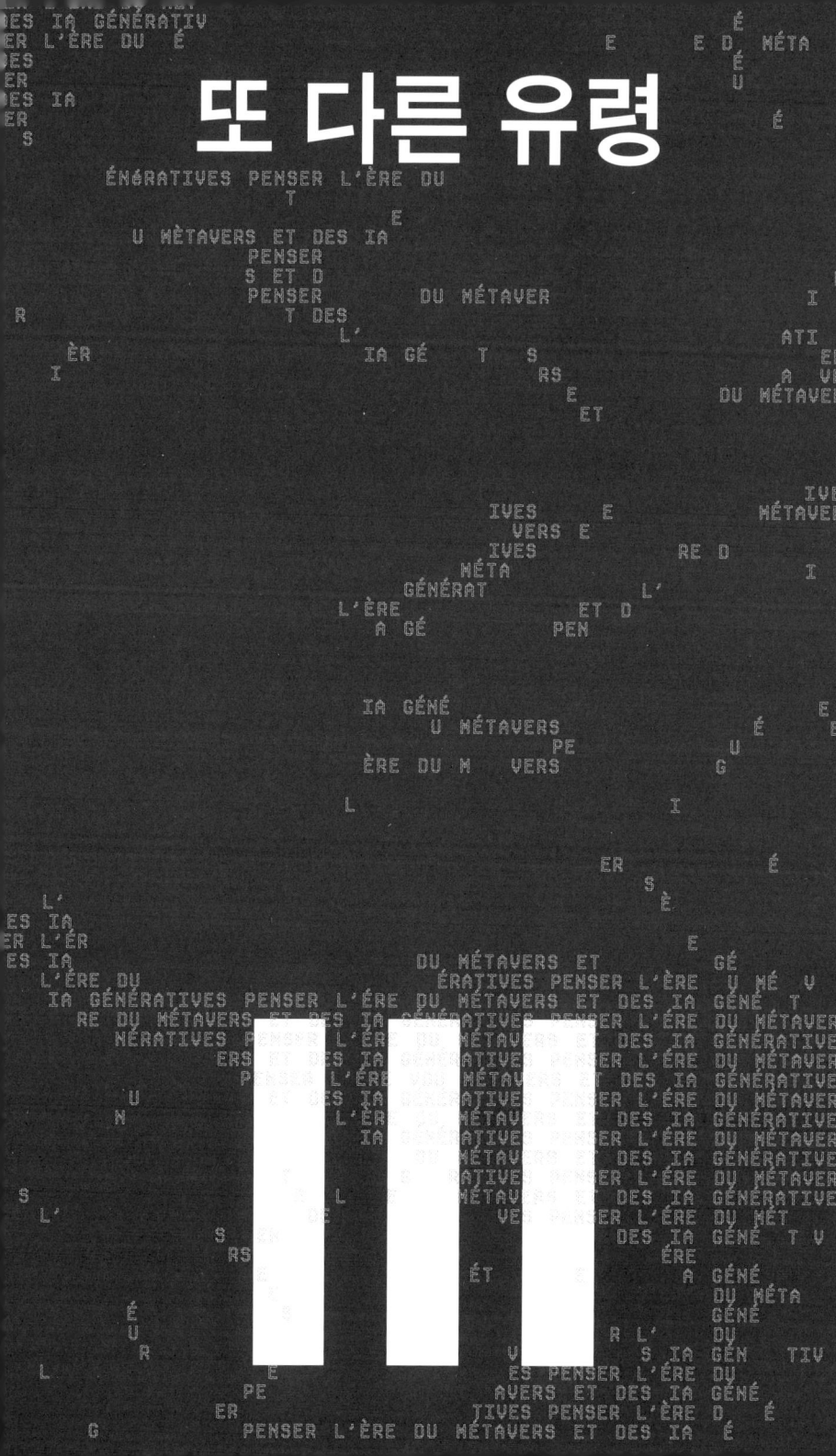

또 다른 유령

1. 관계의 새로운 경제

기능적 연결

편지는 서로 떨어져 있더라도 관계를 유지하려는 바람을
증명한다. 받는 이가 사랑하는 사람이든, 가족이든, 친지이든, 보내는
이의 은근한 정성이 담겨 있다. 직접 쓴 손글씨에서 쓴다는 행위의
노력을 느낄 수 있고, 고심해서 쓴 표현과 문법, 둘만의 친밀함을
드러내는 그림에서도 이러한 정성을 느낄 수 있다. 편지에는 애정,
그리움, 조만간 혹은 기약이 없다 해도 만나고 싶어 애타는 마음,
하루하루 살아가는 이야기, 때로는 다소 심도 있는 생각이 담긴다.
이렇듯 서신으로 이루어진 관계는 부재를 뛰어넘어 두 사람 사이의
친밀함을 더욱 깊게 만드는 힘이 있다. 심지어 전보의 경우 간결하게
쓰였지만 사려 깊었고, 어떤 경우에는 비극적인 어조가 함께했다.
때로는 대륙을 넘어 멀리 떨어진 곳에서 갑자기 발생한 일들, 즉
사고나 사망과 같은 비보, 결혼이나 출생과 같은 희소식이기도
했고, 압축된 한두 줄의 문장에 담긴 사랑 고백이거나 단호한 이별
통보이기도 했다. 1981년 세르주 갱스부르Serge Gainsbourg가 〈해외
전보Overseas Telegram〉에서 노래한 것처럼 말이다. "이 전보가 /
네가 받을 / 다른 어떤 전보보다 / 가장 아름답기를 (…) 그 전보
끝에 / 네가 울기를." 한편 주기적으로 음성 대화를 나누던 시절을
떠올려보면, 우리는 전화를 통해 관계를 유지하고 목소리의 음색을
들으면서 상대방이 바로 옆에 있는 듯한 느낌을 받았다. 밤중에 듣는
라디오도 마찬가지였다. 사람들은 집에서 사연을 고백하고, 이에
비공식적이면서 일시적인 영혼의 공동체가 즉흥적으로 탄생했다.
원거리에서 이루어지는 소통은 결코 공감대 형성에 걸림돌이 되지

않았으며 어떤 경우에는 오히려 이를 증폭시키기도 했다.

　　　대인 간 소통의 역사에서 거리와 친밀성이라는 성격을 새롭게 규정한 기술적 사건이 발생했다. 새천년이 시작되던 무렵, 하룻밤 새에 일상이 된 이메일, 즉 **전자화된 우편**이다. 이메일은 일상에 곧바로 엄청난 편의를 가져다주었다. 전화가 그 위업에도 불구하고 제공하지 못했던 교신의 기적이었다. 비용을 거의 들이지 않고도 컴퓨터 앞에 앉아 마음껏 메시지를 작성하고 나중에는 파일까지 첨부하며 같은 층의 이웃이든 지구 반대편에 있는 사람이든 클릭 한 번이면 누구에게나 거의 같은 속도로 메일을 전송할 수 있다는 편의였다. 이처럼 단순한 사용법은 빠르게 대세가 되었고 전 세계에 전례 없는 차원을 열었다. 대부분의 소통방식과 그 내용마저도 이 영향을 받아, **사람들 사이의 서신 교환에서도 서서히 기능성이 우위를 점하게 되었다.**

　　　이러한 현상이 곧바로 산업화의 대상이 된 것은 우연이 아니다. 여러 기업들은 이메일 주소를 발급하고 서버 접근 권한도 제공했다. 그중 일부는 타깃 광고용으로 정보를 되팔기 위해 사용자들의 메일 내용을 스캔까지 했다. 메시지 전송은 새로운 경제 부문을 출현하게 만들었다. 이는 시간과 비용을 절약하고 소통을 유연하게 관리할 수 있는 관계의 경제를 은밀하게 수반했다. 편리함과 통제가 함께하는 행위는 너무나 공고히 자리 잡았고, 전화 통화는 물론 그보다 더 비효율적인 우편 편지도 더욱 시대에 뒤떨어진 관습으로 전락했다. 정보와 자본의 전방위적 흐름을 양분 삼아 자라온 신자유주의 논리가 심화된 시대에 합리화와 최적화는 중심적 명령이 되었고, 우리가 타인과 맺는 관계에도 흔적을 남겼다. 경제적 효용주의가 결국 관계의 효용주의를 확립한 것이다. 이를 효율성의 흔적이 남은,

관계의 테크놀로지화라고 부르도록 하자. 디지털 산업이 끊임없이 지탱하는 관계에 우리는 아무 저항 없이 빠져들었다. 그 결과 인간관계에서 피상적인 듯한 말은 부차적 요소로 전락하거나 보기 힘든 사치스러움으로 은밀히 고평가되었다.

오로지 겉모습만이 함께

새천년의 막이 열리던 2000년, 당시 성인이었거나 성년을 맞이했던 사람이라면 휴대전화의 작은 스크린에 누군가가 보낸 행복한 새해를 기원하는 메시지가 뜬 것을 발견하고 기분 좋게 놀랐던 기억을 간직하고 있을 것이다. 당시 대부분의 사람들은 이런 기능이 있다는 사실조차 몰랐다. 이 새로운 발견은 바로 간결하면서도 방해하지 않는non intrusif 특성의 문자SMS였다. 기록에 따르면 최초로 전송된 문자는 1992년 12월 3일, 영국의 소프트웨어 개발자 닐 팹워스Neil Papworth가 보낸 "메리 크리스마스Merry Christmas"라는 문장이었다. 이 기능은 몇 년이 흐른 뒤에야 통신망 간의 상호운용성이 개선되면서 널리 사용되었다. 초기에 140자로 제한된 짧은 문장을 보내는 것은 즐거운 일이었으며, 전화를 걸어 방해하지 않아도 된다는 점에서 수신자에 대한 세심한 배려로 여겨졌다. 그래서 생각 또는 느낌을 전하고 때로는 생일을 축하하거나 저녁 식사에 대한 감사 인사를 전하는 데 자주 활용되었다. 오래 지나지 않아 꽤 조용한 변화가 일어났다. 약속을 잡고 자잘한 정보를 문의하며 상황을 전달하는 데 사용되기 시작한 것이다. 사려 깊고 세심한 어조는 사라지지 않았지만 점점 실용적 차원에 통합되는 듯했다. 어쨌거나 부차적인 형식 예절에 더 이상 얽매이지 않고, 일상적인 소통에서 쓸데없이 에너지를 쓰지 않아도 되었기 때문이다. 이제 타인과 교류할 때는 최소한의 예의범절을 지키는 것으로 충분했다. 전화 통화가 줄어들면서(당시에는

III. 또 다른 유령

휴대전화 요금이 비쌌다) 이 효율성은 심화되었고 어찌 보면 인간관계를 경제적으로 관리하는 결과를 낳았다.

게다가 전화 통화는 거리가 떨어져 있음에도 불구하고 언제나 감각적 긴장을 전달한다. 말하는 사람의 목소리와 억양을 그대로 살려내는 기술은 정제되거나 조절되지 않은 망설임, 감정의 동요, 때로는 의미심장한 침묵까지 전달하는 결과를 가져왔다. 역설적이지만 이 순간 이동 같은 틀을 통해 우리의 신체와 숨결의 일부분이 전해지는 것이다. 이러한 부담을 피하는 방식 중 하나로는, 이후 왓츠앱에서 도입한 음성 메시지 기능을 꼽을 수 있다. 문자를 입력하는 대신 말로 하는 편이 더 빠르거니와, 직접 대화하는 불편함을 피할 수 있기 때문이다. 게다가 '실수로 보낸' 메시지를 상대가 듣기 전에 삭제할 수 있는 기능까지 생겼다. 형용 모순적이지만 이러한 방식은 '일방적 대화'라 할 수 있다. 수신자는 내용을 듣고 같은 방식으로 응답할지 여부를 선택할 수 있다. 이 방식은 여러 문장으로 끊어진 메시지로 이루어져 있어 시간을 아끼고 부적절한 즉흥성 발언을 피하려는 듯 보인다. 자동응답기를 사용하던 과거에는 보통 다시 전화해달라는 메시지를 남겼기에 상대방에게 손을 내미는 듯한 여운을 주었고, 메시지를 남긴 이는 불확실성을 남겨두고 상대의 회신을 기다렸다.

최근 몇 년 새, 휴대전화로 전화를 걸게 되면서 더 이상 음성 사서함에 메시지를 남기지 않는 것이 관례가 되었다. 신체적 반응이 좋은 평가를 받지 못하는 시대에 약한 모습을 보이지 않아야 신중함의 원칙을 지킬 수 있다는 듯, 사람들은 전용 인터페이스에서 완벽하게 관리되는 관계만을 선호한다. 이러한 반사 행동은 합리적으로 발화하라는 명령에 따라 규범이 되었다. 물론 더 넓은 맥락에서 이를 연관지어야 할 것이다. 오늘날 전화를 걸어 각종 정보를 얻는 것은 거의 불가능한데, 과도한 비용 소모와 불필요한 시간 낭비를 전제하기 때문이다. 현대의 합리성은 사람들에게, 특히 사회에서 특히 가장 빈곤하고 소외되며 나이 든 자들에게 목소리로 정보를 전달함으로써, 비록 멀리서 잠시만이라도 안심과 위안을 가져다줄 수 있다는 근본적인 원칙을 내던졌다. 그러나 이러한 인간관계 개념은 오늘날의 환경에서는 더 이상 통용될 수 없다. 회계 규칙만이 모든 조직 방식을 결정하며, 의심할 여지 없이 '세상을 더 나은 곳으로 만들고자 하는' 테크놀로지는 터치패드만 눌러도 인공 음성과 '대화'할 수 있도록 하기 때문이다. 가까운 미래에는 로봇과 아바타가 서로 의견을 맞춰 우리의 일상 업무 대부분을 처리할지도 모른다.

삶의 디지털화가 심화되면서 타인의 육체로부터, 즉 있는 그대로의 타인으로부터의 거리두기가 은밀히 자리 잡았다. 이는 타인이 우리에게 베풀 수 있는 물리적이고 정서적인 온기에서 그만큼 거리를 두는 일이기도 하다. 상대방이 우리를 어떤 매개체도 없이 직접 인식할 때 그가 우리에 대해 자유롭게 내리는 판단은 예측하거나 통제할 수 없다. 이는 타인을 나와는 완전히 다른 존재, 즉 우리가 우리 자신에 대해 가지는 관념적인 생각을 위협할 수 있는 존재로 만든다. 거리두기는 이로부터 자유로워지려는 방법이다. 오늘날 타인에게 자신을 표현하는 주된 형식은 오로지 겉모습, 즉 짧은 메시지, 사진, 라이브 또는 녹화된 영상이다. 시스템을 통한 사회적 상호작용은 오늘날 지배적인 행동 원칙으로 자리 잡았다. 다시 한번 강조하지만 우리가 현대의 상호주관성을 인식하는 주된 방식은 메시지나 이미지로 끊임없이 우리 자신을 표현하는 행위이지, 장 보드리야르의 시뮬라크르, 즉 실재를 대신하는 복제를 통해서가 아니다.

시간이 갈수록 육체적 존재보다는 스크린에 나타나는 말이나

III. 또 다른 유령

이미지가 우선 인식된다. 이로써 우리는 유령과도 같은 삶의 체제를 시각이 지배하고 있다는 사실을 다시 한번 확인한다. 그 결과 타인과의 관계에서 자기 자신은 **보이고 읽히는 존재**가 된다. 인터페이스로 유지되는 이 에토스에서는 말 그대로 스크린이 지배하지만, 이것이 훼손하는 것은 우리 존재의 깊이라기보다는 있는 그대로의 꾸밈없음, 즉 우리를 구성하는 다차원적 풍요로움이다. 이런 거리두기는 우리 일상에서 최적의 행동을 하게 해주는 듯 보이고, 마치 동화 《백설공주》 속 마녀처럼 날마다 '사회적 거울'을 향해 자신이 정말 가장 아름다운지 질문할 수 있는 기회를 주는 듯 보인다. 다시 말해, 우리가 암묵적으로 완벽히 동조하는 어떤 경제는 인간관계를 매개하는 원칙을 주요 수익원으로 삼으며, 그렇기에 이 원칙은 끊임없이 강화될 수밖에 없는 것이다.

주변으로 밀려난 도구적 타인

민주주의와 자유주의의 사회에서 어떤 산업은 뻔뻔하게도 인간을 순전히 상품으로 취급하는 장치를 누구나 사용하도록 출시했다. 2009년, 그라인더Grindr라는 스타트업은 만남 애플리케이션을 출시했다. 사용이 편리하며 GPS 기능으로 가까운 거리에 있는 사용자를 소개받을 수 있을 뿐 아니라 전례 없는 인터페이스가 특징적이었는데, 여러 장의 프로필 카드가 나타나면 **스와이프**할 수 있다는 점이었다. 손가락으로 얼굴 사진을 연달아 넘기는데 오른쪽으로 넘기면 연락하고 싶다는 뜻, 왼쪽으로 넘기면 관심없다는 뜻이었다. 오케이큐피드OkCupid, 힌지Hinge, 해픈Happn, 틴더Tinder 등 유사 플랫폼에서도 이 방식을 곧바로 도입했다. 그 결과로 나타난 현상이 다음 둘 중 무엇에 가까운지는 단정하기 어렵다. 효용주의가 심화된 인간관계가 거리낌없이 노골적인 형태로 드러난 것뿐인가, 아니면 전 세계적 차원에서 타인을 대상화해 손가락만 까딱해도 마음대로 고르거나 영영 버릴 수 있는 존재로 만들어버린 것인가 말이다.

이러한 점에서, 그리고 삶의 디지털화라는 더 넓은 맥락에서 스마트폰은 두 가지 주요한 현상을 야기했다. 하나는 타인의 필요성이 감소했고, 다른 하나는 타인을 다소 노골적으로 도구화하게 되었다. 수많은 애플리케이션이 등장하면서 여러 활동을 훨씬 쉽게 수행할 수 있게 되었고, 일상에서 일종의 자급이 가능해졌다. 그런데 여기서 특이점은 신체적 실재로서의 타인은 우리의 시야에서 사라졌다는 것이다. 예를 들어 온라인상에서 제공되는 자가 치료나 웰빙 관련 조언(영양, 요가, 숙면하는 법) 등을 보면, 실제 사람의 존재는 배제되는 경향이 생겨났다. 거의 모든 분야에서 때때로 매우 참신한 조언을 아끼지 않는 튜토리얼들이 확산되면서 이는 더욱 심화되었다. 오늘날 우리는 낯선 도시를 산책할 수 있고 누구에게 도와달라고 하지 않아도 스스로 사진을 찍을 수 있다. 이 방법은 노력과 시간이 절약됐지만 예전 같으면 이웃이나 지인에게 하던 이러저러한 부탁(사람 간 자연스러운 연대의 소박한 표현이라 부르자)처럼 오래된 반사적 습관은 행동 범주에서 부지불식간에 사라져버렸다. 이와 유사한 경우, 즉 누군가의 도움이 반드시 필요할 때에는 상호적 도움을 수평적으로 공유한다는 형식하에 사이트의 중개를 거칠 수 있지만 여기에는 저렴한 요금 또는 **저가형 모델**이라는 조건이 붙는다.

2000년대 초 나타난 경제 모델은 개인 간 직접 제공하는 서비스의 범위를 삶의 영역 전반에 적용하고자 했다. 집안일을 도와주거나 아이를 돌보는 일처럼 비교적 제한된 활동을 넘어 집수리, 물건 배송, 방이나 주거 공간 제공처럼 말이다. 더없는 자신감으로 무장한 이 환경은 당시 '공유 경제'라는 반어적 명칭으로 불렸다. 이로 인해 사람들 사이의 상업적 관계는 일상화되었고, 누구나 약간의 돈을 내거나 받으면 이따금 속할 수 있는 영구적인 히피 공동체 같은 분위기를 만들어냈다. 이와 정반대의 사례는 1970년대에 대유행했지만 오늘날 보기 힘들어진 히치하이킹이다. 당시 낯선 사람을 무료로 태워주는 운전자의 호의는 교류와 새로운 만남으로 이어지기도 했는데, 현재 이 자리는 카풀이나 개인 간 차량 대여가 차지하고 있다.

　이 환경은 지난 수십 년 동안 대다수가 겪어온 경제적 어려움의 심화와 함께 봐야 한다. 상호 도움의 메커니즘이 발전하기보다는 철저히 경제 논리에 동조하는 분위기가 확산되어 급기야 사회조직을 오염시키고 말았기 때문이다. 이러한 차원은 개인 간 평가에서 정점을 찍는다. 이 평가 원칙에 따르면 개인은 자신의 기여를 금전적 가치로 환산하는 동시에 냉정한 평가 대상으로서의 기초자료로 여긴다. 불안정한 환경, 지속적인 스크린 사용, 시대 분위기가 얼마나 일상에서 상호의존적 관계를 주변화시켰는지 우리는 과연 이해하고 있는가? 그리고 이 에토스가 인간관계의 황금률로 내세운 것이 어째서 무상無償의 배제인지 알고 있는가?

　이제 공적 공간은 생기를 잃고 재정의되었다. 1970년대 중반 파졸리니는 공적 공간이 점점 사유화되면서 활기가 없어지는 현실을 개탄했다. 거리가 비슷비슷한 간판들로 빠르게 뒤덮이고 보행자 전용화되는 현상은 사유화가 심화되는 흐름을 상징적으로 보여준다. 1990년대부터 북미, 남미, 아시아 전역으로 확산된 **쇼핑몰**에서도 유사한 현상이 드러난다. 사람들은 개인성이 부재한 거대한 통로를 따라 걸으며 오직 소비하고 즐거운 시간을 보내며 혼자서 또는 지인과 함께 거닐고, 쨍한 조명의 패스트푸드점에서 플라스틱 컵에 담긴 탄산음료를 마실 뿐이다. 이러한 장소는 공유하는 존재의 허상밖에 제공하지 못하므로, 마르크 오제Marc Augé가 말하는 비장소non-lieux✱라고는 할 수 없다.**60** 예를 들어, 새천년 무렵에 확산된 공유 사무실을 보자. 1인 기업과 '원격'이 흔해진 시대의 사람들은 혼자 일하는 분위기를 느끼고 싶지 않아 이 공간을 찾지만, 서로는 옆자리에 앉아 있으면서도 매우 병렬적인 관계에 놓인다. 2000년대에 전 세계적으로 확산된 스타벅스도 마찬가지이다. 루소Rousseau, 디드로Diderot, 볼테르Voltaire와 같은 계몽주의 사교계 명사들이 드나들던 역사적 장소로서의 카페, 20세기 초 교류와 만남과 토론의 장이었던 빈의 카페들은 오늘날 표준화되었다. 물론 카페를 이용하는 이들의 신체는 같은 장소에 있지만, 그들은 스크린만을 바라본다. 마치 주변을 둘러보는 시선은 금지된 것처럼 보인다. 집단에 속해 있지만 내면은 차디차게 고립된 상태로 살아가는 것이다. 이런 상황에서 픽셀화된 또는 유령 같은 우리의 삶을 화폭에 담아낸 에드워드 호퍼Edward Hopper의 작품을 떠올리지 않을 수 있을까?

✱ 인류학자 마르크 오제는 공항, 대형 쇼핑몰, 고속도로 등 관계성·역사성·정체성이 부재하는 장소를 인류학적 장소가 될 수 없는 공간으로 규정하고 비장소라고 명명했다.

2. 원격 관계의 보편화

줌 이론

　어느 우주선의 유일한 탑승객인 남자가 승무원 한 명과 함께 은하계를 오랜 시간 여행하다가, 아주 멀리 떨어진 목적지의 기착지로 설정된 위성의 정거장에 도착한다. 남자가 도착하자마자 여느 때와 같이 현장에서 일하는 팀이 빠르게 브리핑을 한다. 브리핑이 끝나자 그는 협소한 객실로 들어가 카메라가 내장된 스크린 앞에 앉고 마그네틱 카드를 리더기에 넣은 뒤 터치 버튼으로 번호를 입력한다. 거의 동시에 어린 딸의 영상이 나타난다. 소파 위에서 놀고 있는 딸은 아빠 얼굴을 보게 되어 기뻐하는 듯하다. 짧은 대화가 끝나자 통화 요금이 스크린에 표시된다. 스탠리 큐브릭Stanley Kubrick 감독의 1968년 영화 〈2001: 스페이스 오디세이2001: A Space Odyssey〉에 나오는 이 장면은 어떤 즐거운 미래를 보여준다. 여기에서 주목할 점은, 당시 사람들은 성간 이동이 아니라 통신망의 발전에 힘입어 이와 같은 통신이 조만간 실현되리라 여겼다는 것이다. 우리는 미래와 근본적으로 불확실한 관계를 맺고 있지만 어떤 현상들은 언젠가 어떻게든 도래할 것이라 예감한다. 그날이 언제인지 정확히 알 수도 없으면서 말이다.

　화상통화의 대중화는 강에서 지류가 갈라지듯 여러 방식으로 나타났다. 2000년대 초반에는 화상회의 인터페이스인 스카이프Skype가 개발되었다. 이후 2009년 등장한 왓츠앱과 2013년 애플에서 출시한 페이스타임FaceTime처럼 스카이프를 모방한 애플리케이션들이 나타났고, 원거리에서도 스크린 너머 소통할 수 있게 되었다.

이 경이적인 인공 기술은 모두가 이용 가능했지만 역설적이게도 사람들은 어쩌다 한 번씩 사용하는 데 그쳤다. 문자 메시지를 주고받는 편이 더 사려 깊으면서 불편한 느낌은 적었기 때문이다. 이 기능이 사용된 경우는 주로 가족 간 통화나 이따금 해외에서였고 업무 회의인 경우는 거의 없었다. 사람들이 그다지 관심을 보이지 않았던 이유는 당시 통신 기술이 일종의 보호받는 느낌, 즉 한 발짝 떨어져 있다는 느낌을 주는 반면, 화상통화에서는 자신이 있는 그대로 노출된다고 받아들였기 때문일 수 있다. 2020년대 초에 와서야 전 세계적 봉쇄가 최초로 시행되면서 결정적 전환이 이루어졌다. 인간관계는 급작스럽게 완전히 픽셀화되다시피 했고 시스템 품질과 접속 속도를 보면 앞으로 물리적 존재 없이도 살 수 있을 듯했다. 마치 즉각적이고, 별다른 노력이나 눈에 띄는 비용도 요구하지 않는, 전례 없는 형태의 존재가 제공된 것만 같았다. 팬데믹 시기 줌Zoom의 인터페이스는 그 자체만으로 인간관계의 새로운 시대를 구현하는 듯했다. 그러나 여러 사건이 초래한 긴급한 상황들 속에서 줌이라는 이름 자체가 은연중에 내포하는 의미는 필시 제대로 살피지 못한 것 같다. 이 이름은 스크린을 사이에 두고 소통할 수 있다는 뜻이기도 했지만 무엇보다도 **다른 틀에 기반한 관계가 은밀하게 자리 잡기 시작했음**을 암시했다.

줌(을 비롯한 여타 유사 플랫폼)에서 화상회의가 어떻게 진행되는지 살펴보자. 이러한 회의는 참가자들이 2차원 평면에 나타나므로 각자가 가진 다차원성을 **사실상** 가려버린다는 특성이 있다. 우리는 실제 있는 그대로 마주 보는 것이 아니라 이미지의 흐름이라는 형태로 존재하기 때문이다. 그리고 이 흐름에서 자연스럽게 서로의 얼굴을 유심히 관찰하고, 때로는 거리낌없이 세밀하게 뜯어보게 된다. 이러한 방식은 마치 물건을 보듯 서로 살펴보게 한다는 점에서 타인을 서서히 물화réification하는 결과를 낳는다. 2D 스크린에서 상호주관적 지각은 저하되고 각자의 고유한 깊이는 도외시된다. 화상회의는 사전에 예약한 일정에 따라 명시된 시간 내로 진행된다. 회의가 시작되면 각자는 스크린에서 나오는 눈부신 빛을 받으며, 마치 실제로 각자 자리에 앉은 것처럼 정해진 위치에서 얼굴만(가끔은 상반신까지) 보이게 된다. 이 맥락에서 참가자는 맡은 일을 수행하거나 발표를 하는 등 자신의 역할을 해내야 한다. 그러나 항상 실수를 저지를 위험도 따르는데, 그렇게 되면 실수는 클로즈업되어 보이는 셈이다.

　　이 관계는 줌인zoom in 효과를 일으켜 지금까지 일상의 틀에서는 다른 사람에게서 발견할 수 없었던 점들이 선명하게 드러나게 한다. 일반적 관계에서 상대를 뚫어져라 쳐다보는 행동은 암묵적 금기 또는 무례함의 극치로 취급된다. 상대의 온전한 인격을 해치고, 관계는 탐색전이 아니라 상호 배려에 근거한다는 원칙 자체를 거스르기 때문이다. 그럼에도 이 행동은 관행이 되어간다. 우리의 표정과 몸짓에 상호적 침투가 일반화되는 것이다. 그런데 문제는 효용주의가 아니라, '관계의 환원주의'가 업무 환경에서 점점 더 자연스럽게 받아들여진다는 사실이다. 일례로 개방형 사무실에서 일하는 사람들은 가깝고 화기애애한 사이를 유지하는 듯 보이지만 실제로는 계속 노출된 채 일해야 하는 굴욕적인 환경에서 업무를 수행한다. 그 결과 동료의 시선에서 벗어나려 이것저것 사소한 전략을 취하다가 일종의 고립 상태에 놓이는 것이다.

　　자세히 들여다보면 화상회의는 상시 체제로 자리 잡으면서 가볍고 즐거운 분위기를 잃었다. 〈2001: 스페이스 오디세이〉에서 아버지가 딸에게 전화를 거는 장면이나, 생일이나 크리스마스를 맞아 조부모가 지구 반대편에 있는 손주들과 통화하는 것처럼 관계에 일종의 온기를 불어넣을 수도 있었다. 그러나 화상회의가 일상화되고 그 사용량이 비약적으로 증가하며 심지어 머지않아 몰입형 화상회의가 등장하면 **타인에 대한 거리두기는 공고해질 것이다.** 1980년대 초근대사회가 등장한 이래 사람들은 점점 더 분리되었고 앞으로 이 현상은 점점 더 은밀한 형태로 공고해질 것이다. 그리고 우리는 이 현상이 현재 우리의 신체와 영혼, 정치적 공동체에 미치는 영향을 목격하고 있다. 소리없이 시작된 **집단적 고립**[61]은 끊임없이 픽셀화되는 삶의 흐름으로 인해 더 보편적이고 심화된, 어쩌면 결정적 국면에 돌입했다.

변질된 타자성

당시 스크린으로 지나가는 얼굴 행렬, 더 드물게는 신체의 행렬이 계속 증가했다. 특히 팬데믹 1차 봉쇄 시기에 우리는 픽셀로만 이루어진 얼굴의 행렬이 잠시 나타났다가 갑자기 사라지는 것을 보았다. 타인은 점점 더 순간적이고 부분적으로 유령 같았으며 갑작스럽게 나타났다가 사라지기를 반복했다. 특히 거의 매일 마주하는 사람들이 그러했다. 스크린 속에 나타난 동료들은 큰 창에 혼자 띄워지거나 여러 개의 모자이크 중 하나의 프로필로 보였다. 몇 가지 일상 업무를 처리하고 몇 마디 말로 대화를 마치면 모두가 바로 사라졌다. 대학에서도 마찬가지였다. 팔다리가 잘린 것처럼 보이는 교수가 강의를 하면, 수강생들은 질문할 때 나타났다 사라지기를 반복하고, 수업이 종료되면 모두가 동시에 증발하듯 사라졌다. 이 현상은 주치의와 같은 의사의 경우에도 마찬가지이다. 의사는 원격 진료를 위해 갑자기 스크린에 나타나고, 중요하다고 생각하는 항목을 확인한 뒤, 진료 시간을 체크하고 처방전을 전송한 다음 진료를 마친다. 그리고 '방문'이 끝난 순간부터 환자는 다시 혼자 남겨지거나

III. 또 다른 유령

스스로를 돌보아야 한다.

어떤 경우이든 우리는 매번 똑같은 인상을 받거나 똑같이
실망스러운 경험을 한다. 철창에 갇힌 것처럼 보이는 사람들은 눈
깜짝할 새에 우리 세계에서 사라져버리기 때문이다. 타인의 본질이
우리가 필연적으로 이해할 수 없는 무언가라고 할 때, 타인은 계속
포착할 수 없는 모습으로 세상에 나타난다. 그 모습은 19세기 프랑스
상징주의를 선도한 시인 샤를 보들레르Charles Baudelaire의 말처럼,
근대를 살아가는 익명 속 군중이 아니라 덧없이 빛나는 군무와도
같다. 끊임없이 일렁이는 타인과의 관계는 '부유하는 세계'를 그린
일본의 우키요에浮世繪와 공명하며,* 특히 오늘날의 픽셀화되고
불연속적인 인간관계에서 선명하게 드러난다. 2000년대 초 지그문트
바우만Zygmunt Bauman**이 이론화한 '액체적 삶'은 이제 전혀
다른 양상을 띤다.**62** 사람과의 교류는 더 이상 일시적이고 무한히
교체되는 관계의 액체성으로 대변되지 않는다. 항상 이 스크린에서 저
스크린으로 표류하며 언제나 멀리 떨어진 **부유하는 타인**이 등장하는
것이다.

그러나 이러한 행위에서 우리 각자는 단 하나의 기능만을
수행할 수 있을 뿐이다. 심지어 그 기능은 최소한만 남긴 채 축소되고
시간을 철저히 따지며 일상의 관례를 더욱 부수적으로 만든다. 예를
들어 상대의 안부를 묻고 질문을 건네며 소소한 이야기를 주고받는
순간들조차 이제는 시간 낭비로 여겨진다. 게오르크 짐멜은《감각의

---

* 17~20세기 일본 에도 시대에 성립한 풍속화의 한 형태이다.
** 바우만은 서구 사회가 안정적이고 예측 가능한 고체 근대에서 유동적이고
   예측불가능한 액체 현대liquid modernity로 이행했다고 주장했다.

사회학을 위한 시론》에서 감각적 지각이 사회적 관계의 토대를 형성한다고 지적하며, 감각적 지각이 약화될수록 사회적 상호작용의 질이 저하된다고 주장했다.[63] 오늘날 디지털 시스템의 구조에 물든 것처럼 보이는 인간관계는 오직 연산, 반복적 절차, 끊임없는 흐름, 매우 빠른 속도로 연속되는 시퀀스로만 이루어진 듯하다. 프로그래밍의 로직과 삶의 형태가 혼재되는 것이다. 결국 문제는 관여engagement이다. 우리가 타인을 대할 때 은연중에 나타나는 관여는 그 사람과의 거리와 무관하게 도의, 정중함, 심지어 서로를 조심스럽게 대하는 태도를 전제한다. 예를 들어 의사는 단지 진단을 내리고 처방전을 작성하는 사람이 아니다. 그것은 그 이상이다. 비대칭적 관계에서 취약하기 그지없는 한 인간이 다른 인간에게 자신을 잘 돌봐달라며 의탁하는 순간, 이는 타인을 절대적으로 맞이하는 일이 된다.

　　모든 관계가 마찬가지이다. 관계란 이해를 막론하고 상호 환대에서 시작하기 때문이다. 그 어떤 기능주의적 우위도 이 원칙을 넘어설 수는 없다. 우리는 같은 조건으로 묶인 공동체로서 사회적 계급을 막론하고 실존적 윤리 규범을 따른다. 철학자 에마뉘엘 레비나스Emmanuel Levinas는 이 규범을 일관되게 강조했다.[64] 마르틴 하이데거Martin Heidegger는 형이상학적이고 다소 거창한 용어로 '존재에 대한 망각'*을 논한 바 있지만, 실제로 우리가 경험하는 것은 타인에 대한 망각, 더 엄밀히 말하자면 타인에 대한 의무의 망각이나 부정이다. 이 에토스는 우리의 행위가 픽셀화되면서 발생했다.

---

*　　하이데거는 플라톤부터 니체에 이르는 서구 철학의 역사를 '존재 망각의 역사'로 규정하고, 존재의 의미를 다시 밝히기 위해서는 서구 형이상학으로 왜곡되지 않은, 그리스적 사유의 시원으로 돌아가야 한다고 주장한다.

산업혁명 이후 신자유주의적 논리가 확산되며 탄생한 지평은
탈육체화된 군중으로 가득한 대리석과도 같다. 오랜 역사가 다다른
정점은 기만적으로 빛나는 유리 표면이었다. 인간관계는 유령의
현현처럼 환원되고, 그리하여 수많은 병리와 위험을 내포한 유령
사회가 형성되었다.

3. 타자의 증발

유동하는 정체성

　첫 번째 봉쇄 조치 시행으로 일상에서 수술용 마스크 착용이
의무화되자 혼란이 생겼다. 얼굴 일부는 가려졌지만 여전히 정체성의
핵심인 시선을 읽을 수 있었기 때문이다. 우리는 기본적으로 타인을
일부만 볼 수 있게 되었다. 이 존재 방식은 있는 그대로의 노출과
불완전한 파악을 뒤섞어놓았다. 전례 없는 상황은 대도시, 대중교통,
개인성이 사라진 일상, 익명성이 심화된 사회의 진면목을 드러내는
듯했다. 수년 동안 '소셜 네트워크'에서 가짜 계정을 사용하는
사람들이 있었다. 사회적 장에서 더 많은 영향력을 행사할 수 있다고
믿으며 종종 적의를 마음껏 표출하면서도 이들이 아무런 제재를 받지
않았다는 사실을 어떻게 이 시대정신과 연관짓지 않을 수 있겠는가?
익명에는 익명으로 대한다는 등식을 유리하게 이용하려고 어떤 이들은
관습, 규범, 때로는 법까지도 무시하는 듯하다. 이를 더 일반화한
행위가 바로 랜덤 닉네임을 사용하거나 다른 사람의 모습으로
나타나는 것이며, 이때 운명은 필연적으로 보이지 않게 된다.

　자신이 더 이상 자기 자신이 아니라고 상상하거나 가상의
타인이 되는 것을 상상하는 일은 2000년대 들어 여러 상황에서
흔히 일어났다. 비디오 게임 또는 (가짜 사진이나 거짓 프로필을 만들기
좋은) 데이팅 앱이 그 예이다. 존재의 무거움과 일상의 버거움에서
벗어나 자신에게 유리한 판을 짤 수 있다고 믿게 하는 도구들은
그 허무함에도 불구하고 우리를 도취시키며 불복종에 대한 충동을
부채질했다. 그리스 신화에서 자유자재로 모습을 바꾸는 능력을

가진 프로메테우스 신 행세를 누구나 할 수 있었으니 말이다. 온라인 활동을 위한 계정과 프로필 증가는 이 행위를 더욱 부추겼다. 한편, 사람들이 정체성을 가지고 노는 이유는 비단 타인을 속이기 위해서가 아니라, 이성의 복장을 착용하는 쾌감을 느끼기 위해서이기도 하다. 타고난 성별에 자신을 가두지 않고, 내면 가장 깊숙한 감정과 외면을 일치시키려는 열망은 최근 수년 동안 뚜렷이 나타났다. 이렇게 젠더의 유동성을 인정하는 새로운 에토스는, 클릭 한 번으로 원하는 모습을 연출할 수 있게 된 상황과도 공명한다. 그 열망은 현실의 견고함보다 강하고 사회 규범에 도전하는 듯하다. 사회의 구성 원리는 공통의 준거에 기초하며 자기 자신으로서 말하는 의무를 전제한다. 그러나 혼란스러운 사고방식으로 인해 이 원리는 규범으로서의 가치를 상실하고, 그 결과 사람들 간의 신뢰는 무너지며, 서서히 귀먹은 상태와도 같은 불통이 발생한다.

　　물론 이러한 식별 불가능성indiscernabilité은 챗GPT로 대변되는 대화형 로봇, 미드저니와 같은 이미지 생성기와 연관지어 보아야 한다. 이 기술은 본질적으로 정신병리학적이라고 할 만한 상징적 환경을 조성할 수밖에 없다. 어떤 공통된 질서가 아니라 시스템에 무분별하게 의존하는 사람들이 주관적이고 혼란스러운 충동만으로 빚어낸 환경이기 때문이다. 이는 정치·법·철학적 의미에서의 사회라기보다는 명확한 규칙 없이 평행으로 움직이는, 서로를 거의 보지 못하는 눈먼 상태로 움직이는 모나드monad*의 집합과도 같다. 신자유주의 체제로 전환한 대부분의 민주주의 국가에서 여러 사회적 협정이 점차

---

* 　라이프니츠Leibniz는 개별 실체를 구성하는 기본 단위로 모나드를 제시하고, 각 모나드는 서로 인과적 영향을 주고받지 못한다고 주장했다.

붕괴되었다는 사실을 고려한다면, 이는 하나의 사회적 계약이 최후를 맞이하는 현상이라고도 할 수 있을 것이다. 우리는 자유·다원성·대립 속에서, 하지만 상대적으로 공통된 준거의 장에서 자기결정을 내려야 했고, 이 요구에 기반한 상위 윤리로 간주된 것이 사회 계약이다. 그러나 오늘날 많은 사람들은 자신의 처지나 자신을 둘러싼 일반적인 인식이 축소 또는 하락해도 이를 더 이상 그대로 받아들이려 하지 않는다.

　　　　많은 이들은 더 이상 구체적 해방을 꿈꾸던 어떤 역사적 시기처럼, 자신의 존재를 지키고 능력을 최대한 발휘하려고 노력하지 않는다. 오히려 밤낮으로 여러 방법과 전략을 구사해 마침내 더욱 인정받는 존재, 능동적인 존재가 되었다고 믿고, 자신이 처한 상황을 초월했다는 상상을 한다. 삶을 마비시키는 일상에 안주하지 않고 스스로를 해방하고 꽃피우게 하는 탈주선을 그리라고 촉구했던 들뢰즈의 탈영토화déterritorialisation가 수십 년이 지나고 비로소 구체화되기 시작한 것처럼 보인다.**65** 그러나 유감스럽게도 이는 **실천**praxis, 즉 행위가 아니라 본인의 관점이나 충동에 맞춰 순수한 겉모습으로만 머물며, 끝없이 달아나는 형태로 나타난다. 자기 해방이라는 환상은 공동체적 방향 상실과 불신을 심화시킬 뿐이다. 그리고 이러한 현상을 조장하는 산업은, 우리가 결코 도달할 수 없었던 가장 이상적인 자아상을 겉모습과 완벽하게 일치시키는 특별한 즐거움을 안겨주는 장치를 고안하는데, 그것은 바로 **아바타**이다.

아바타의 해부학

　　　이것은 반어법과도 같다. 즉, 관찰하거나 생각한 바의 정반대의 의미를 내포하는 수사적 기법이다. 일반적으로 정곡을 찌르는 사유나 실망을 간결하게 표현할 때 사용된다. 아바타는 특정한 테크놀로지

장치를 가리키는 동시에 반어적 의미를 지닌다. 이 용어를 둘러싼
모든 담론이 현실과 정확히 반대되는 내용을 주장하기 때문이다.
수십 년 동안 초근대성의 특징이었던 것이 아바타의 세계에서는 매우
심화되어 제시되는데, 부정적인 경험으로만 받아들여지지 않고 오히려
유희적이고 유쾌한 모습으로 나타난다. 즉, 일터에서 그리고 더 넓게는
사회에서 고립되고, 타인과 감각을 주고받는 건설적 관계를 유지하지
못한 채, 자기만의 세계에 갇히거나 몇몇 가까운 이들에게만 의탁해야
하는 상황이 아바타의 세계에서는 유희적 경험으로 전환되는 것이다.
이러한 양상은 전 세계가 봉쇄되기 시작하면서부터 압축적으로
드러났다. 많은 이들이 다른 사람들과 교류하지 못하고 집 안에 갇혀
지내야 했기 때문이다.

　　　더 넓게 보면 수년 전부터 각종 마그네틱 카드, 스마트폰,
얼굴을 원격으로 자동 인식하는 **비접촉** 기술이 일반적으로
사용되었다는 점도 이에 해당한다. 음성 응답 서비스에서도 실제
사람이 사용자의 요구에 응답하는 일은 점점 더 드물어진다. 이렇게
우리는 일상에서 타인 및 사물과 직접 맺는 관계를 상실해가며, 신체와
신체, 신체와 현실 사이에 적정 거리를 유지하는 것을 인간 사회를
운영하는 가장 안전하고 효율적인 방식이자 새로운 경제적 수익원으로
여긴다. 오늘날 중요한 사회 · 정치적 과제가 사람 사이의 관계를 삶의
모든 영역에서 재창조하는 것임은 주지의 사실이다. 그런데 디지털
산업은 이 환경이 더 이상 피할 수 없는 재앙이 아니라, 누구나 최대한
이익을 얻을 수 있는 다채로운 경험의 기회라고 속인다.

　　　"아바타는 우리가 오늘날의 인터넷에서 **신체적으로 구현된**incarné
미래의 인터넷으로 이행하도록 도와줄 것이다."**66** 2023년
메타(페이스북)의 메타버스 개발 책임자 아난드 다스Anand Dass가 한

말이다. 인간적 자질은 약화되고 타자와의 관계는 위축된 현재의
상황을 밝고 바람직한 에토스로 바꿔치기하는 이보다 더한 속임수,
더한 반어법은 상상하기 어렵다. 감각 경험은 방치되지만 모든 것이
축제 분위기에서 편안하고, 쉽고, 즉각적으로 이루어지는 환경은 언뜻
보면 장점만 제공하는 것처럼 보인다. 엄청난 힘이 우리를 물리적으로
분리시키는데도 관계, 실존, 문명의 후퇴는커녕 훌륭한 진보로
여겨진다. 이렇게 터무니없고 냉담한 삶의 방식을 바람직한 길로
제시하는 것이다. 그렇게 우리는 3D 아바타들이 영원히 미소 지으며
까칠한 태도 따위는 전혀 보이지 않는 세계, 모든 부정성이 제거된
영원한 테마파크와도 같은 세계에서 살게 될 것이다. 그렇다. 인류
역사의 어느 시점에서인가 업계 종사자, 엔지니어, 컨설팅 업체들은
인간의 픽셀화된 시뮬라크르를 통해 탈육체화된désincarné 퇴행적
세계에서 살아가는 것이 정상적이고 바람직한 조건이라고 거리낌없이,
어쩌면 신념을 가지고 세시하기에 이르렀다.

이 매력적인 환경은 우리를 보호하는 듯 자연스럽게 현실을
대체했고, 여러 브랜드에서는 오직 한 명만이 소유하는 디지털 자산인
대체 불가능 토큰Non-Fungible Token, NFT을 각종 장신구로 만들어 판다.
'옷'(뒤에 오는 아이템들도 따옴표로 강조할 수 있으리라), 신발, 액세서리,
화장, 헤어스타일 등 요컨대 아바타 꾸미기를 둘러싼 거대한 시장이
형성된 것이다. 더 이상 시뮬라크르는 실재를 흉내내지 않는다.
순전히 외양으로 이루어진 체제가 무엇보다도 생생한 현실의 장이
된다. 남들과 다르기 원하는 경향은 외적 스타일이 아니라, 유령의
외양에 주어진다. 이제 유령은 상징적이면서도 실제적으로 육체적
존재를 대신하며, 신체는 존재론적으로 가치가 떨어지거나 시대에
뒤처질 운명에 처한다. 삶은 계속 가상의 물질인 에테르처럼 변해만

가고, 삶처럼 보이는 겉모습의 이면에는 죽음이 배회한다. 이처럼 새로운 실존적 상태에서 돈이 있는 자들은 가장 멋지게 꾸미거나, 꿈꾸는 이상형에 꼭 맞는 모습으로 남들 눈에 비치길 원한다. 디지털-유령의 심연에서 사람들은 직장 내 회의에 참여하고, 강의를 듣고, 집을 둘러보며, 공연을 보고, 카페에 가며, 반은 살아 있고 반은 죽은 자들과 대화를 나눈다. 우리는 '거리'를 비롯해 여러 다른 '장소'에서 '사람들'에게 다가가 여전히 말을 나누겠지만, 이들의 진짜 생김새나 성별은 알 수 없고 이들 뒤에 실제 인물이 있는지 아니면 우리를 속이는 환상만 존재하는지조차도 알 수 없다. 그리고 머지않아 목소리의 억양까지 완벽하게 복제하는 대화형 에이전트가 등장해, 결정 알고리즘이나 사전에 전달받은 몇 가지 지침에 따라 적절한 시점에 우리 대신 의사를 표명하게 될 것이다.

일상에서 우리를 훌륭히 안내하는 용도로 고안된 이 유령들은 아이폰에서만 만나오다가, 약 15년이 지난 후 전면적 차원에 들어섰고 이제는 전혀 다른 성격을 띠게 되었다. 이것들은 더 이상 어떤 상황에서나 진실을 알려주는 데 그치지 않는다. 우리가 살아가는 환경의 대략적인 윤곽을 그리고, 우리를 대신해 말하며, 밤낮을 가리지 않고 우리를 행복에 이르는 길로 인도한다. 이것이 바로 **유령의 기술자유주의**이다. 이 체제는 우리가 숨을 쉴 때마다 숨결에 **박자**를 제시하고, 감각과 지성은 최소한으로 표현되어야 할 삶의 방식으로 축소시킨다. 왜냐하면 지성과 감성을 표현하는 삶의 방식은 산업적 입장에서는 이윤을 거의 창출하지 못하고, 인간의 입장에서는 위험 부담을 안고 현실의 시련을 견뎌야만 다음으로 나아갈 수 있기 때문이다. 오늘날 우리는 이미 신체에 고하는 작별, 정신 능력에 고하는 작별이 바로 엘랑 비탈에 대한 예정된 작별이자 죽음에

대한 은밀한 수용임을 감지하고 있는지도 모른다. 그리고 죽음이
이미 이 좀비 같은 삶 곳곳에 숨어 있는 만큼, 우리 곁을 떠난 죽은
자들을, 반은 살아 있고 반은 죽은 자가 되는 우리와 서로 혼동하는
일이 당연해졌다. 앞으로 우리는 인공지능 시스템과 대화형 로봇이
관리하는 어떤 형태를 통해 영원히 매장된 죽은 자들과도 관계를
유지할 수 있을뿐더러 이것이 평범한 일이라고 생각하게 될 것이다.
인간의 삶에 지속적으로 존재하는 죽음이 산업화되면 광기, 그것도
치명적인 광기가 여기저기에서 배회할 것임을 보여주는 명백한
증거이다.

알고리즘 강령술

    찬란한 세계의 탄생에 필요한 모든 조건은 이미 갖추어져
있었다. 베를린 장벽은 무너졌다. 프랜시스 후쿠야마Francis Fukuyama와
시대정신은 역사의 종말을 확신했다.**67** 이제부터 역사는 더 이상
'동서' 대립의 장에서 전개되지 않을 것이었다. 변증법 또한 인간
행위와 사상을 담은, 먼지가 수북이 쌓인 연대기 속 이야기로 여겨질
터이다. 부정의 시대는 이미 도래해 있었다. 세계 지도 최서단에
위치한 태평양 연안은 자신만만한 신자유주의의 전초지였다. 뛰어난
기술과학 전통, 최고의 대학들, 위험을 감수하는 기업가 정신, 명석한
고학력자들의 열기로 고조된 시퀀스가 열리고 있었다. **가능성의, 모든
가능성**의 시퀀스였다. 우리는 비용을 거의 들이지 않고도 대륙을 넘어
즉각적으로 소통할 수 있었고, 무한한 텍스트·이미지·음악 자료를
이용할 수 있었으며, 끊임없이 편리해지는 일상을 누릴 수 있었다.
도처에서 성대한 불꽃놀이와 함께 환희로 새천년을 맞이하던 순간, 이
가능성의 엘도라도를 끊임없이 탐험하는 혁신의 축제도 시작되었다.

21세기의 첫 10년이 '항상 기술적으로 가능한 것'이라고 부를 수 있는 이데올로기로 특징지어졌다면, 이후 10년은 같은 맥락이지만 전혀 다른 차원을 열었다. **태곳적부터 불가능의 영역에 속한 것들까지 이제는 실현 가능한 것으로 간주하는 것이다.** 이는 지금껏 자연스러워 보이고 극복할 수 없다고 여겼던 한계에서 해방된 인간 상태가 도래했다는 사고방식이고, 이는 **인공지능**이라는 기술·경제적 기적이 나타나면서 가능해졌다. 인간이 본래 유한성과 결함을 지닌 존재라는 생각은 역사상 처음으로 오류이자 나태한 관점이라는 믿음이 형성되었다. '불가능은 없다Nothing is Impossible'라는 리비도적 자본주의 논리가 아니라 '불가능은 더 이상 상관없다Impossible isn't Relevant Anymore'라는 논리였다. 이 논리가 정실질환적인 이유는 현실 부정에서 비롯되었을 뿐만 아니라 그 현실에서 자신의 구체적인 관점에 형태를 부여하려 하기 때문이다.

　　가능성이 우리가 실현 가능하다고 생각했던 것이라면, 불가능성은 상상할 수 없는, 전대미문의, 도달할 수 없는 모든 것이 가능하다고 생각하도록 권유한다. 이제는 기상천외하기 그지없는 아이디어라도 자금을 조달하고 적절한 작업을 거치면 구현될 수 있는 것만 같다. '디지털 혁신'의 역동성이 2010년대에 점점 더 광적으로 변하면서 전 세계를 아찔하게 하는 시대정신을 형성했다는 사실은 정확히 이런 관점에서 이해해야 한다. 상상조차 할 수 없거나 가장 반자연적인 것조차 생각에 그치지 않고 실제 시도 대상이 되었다. 어떤 평행 세계에서 온 담론이 이러한 시도를 뒷받침하는 듯했는데, 가장 명백한 사례로 트랜스휴머니즘은 당시 갑작스럽게 각광받았으며 지지자들은 곧 죽음을 퇴치할 수 있는 축복받은 시대가 왔다고 떠들썩하게 주장했다. 그리고 이와 같은 열광적인 지지 속에서, 고인들과 소위 꾸준히 '대화할 수 있는' 현실성이라고는 없는 시스템들이 등장했다. 이를 알고리즘 강령술이라고 부를 수 있을 것이다.

트랜스휴머니즘은 망상적이고 선정적이며 그로테스크하기 짝이 없었다. 머지않아 불멸이 도래하리라는 예고였기 때문이다. 즉, 우리의 뇌가 실리콘 칩에 이식되고, 그 칩은 티타늄 로봇에 장착되리라는 주장이었다. 전 세계 언론의 대부분은 이 주장에 비판적 거리를 두지 않고 헤드라인으로 재생산했다. 이 터무니없는 주장을 입이 떡 벌어진 채 그저 받아들이다니, 오늘날의 관점에서 보면 일종의 집단 정신질환 또는 혼돈에 빠진 순진함이었다. 이와 동시에 전개된 또 다른 움직임은 더욱 조용했지만 그만큼 엉뚱했다. 바로 **죽은 자와의 대화**였다. 불가능이 일상화된 현시대에 일부 스타트업 창업자들과 엔지니어들은 죽은 자들과의 대화를 흉내내는 장치를 발명하기에 이르렀다. 2010년대 중반, 레플리카Replika를 비롯한 여러 스타트업은 유족들이 고인과 소위 음성 대화를 나눌 수 있는 서비스로 내화형 에이전트 데드봇deadbots을 출시했다(이후 생성형 인공지능 기술이 발전하자 프로젝트 디셈버Project December나 히어애프터에이아이HereAfter AI 같은 서비스들이 우후죽순 생겨났다). 그들의 초기 의도는 위로였다. 집단적 방향 상실과 고립의 시대에 고인과의 관계가 유지된다고 믿을 수 있도록 하는 기술이 환영받으리라 판단했기 때문이다.

해당 서비스는 이를 위해 고인의 음성·텍스트 자료를 최대한 수집하고 분석하며 반복적으로 어떤 단어, 표현, 감정 표현이 나타났는지 패턴을 식별한다. 사용자의 발화를 특징짓는 용어들의 목록이 완성되면 알고리즘은 질문이나 생각에 따라 이를 처리한다. 이 기계 유령은 우리에게 말을 걸고, 우리가 하는 말을 듣고, 우리에게 응답한다. 유령은 과거에 고정된 대화에서, 다시 말해 이미 죽어버린

언어에서 어휘를 길어오며, 산 자로 하여금 고인과 대화하고 있다고
착각하게 한다. 그러나 애도를 거부한 결과에는 정신적 혼란만이
기다린다. 대표적으로 2013년 오웬 해리스Owen Harris 감독의 드라마
〈블랙 미러Black Mirror〉의 에피소드 중 〈돌아올게Be Right Back〉에서는
한 여성이 교통사고로 남편을 잃고서, 스마트폰에 앱을 다운로드해서
실제로 남편과 대화하는 듯한 기분을 느끼게 해주는 서비스를
이용한다. 그녀는 이 기술을 강박적으로 사용하면서 가족과 주변
사람들에게서 멀어지고, 오직 유령의 목소리와만 관계를 발전시킨다.
이윽고 합성 소재로 만들어진, 생기라고는 전혀 없는 인공 도플갱어가
집에 함께 살게 되면서 유령은 다시금 목소리를 낸다. 어떻게 이를
현재 진행 중인 에토스가 희화화된 정점으로 보지 않을 수 있겠는가?
주체들subjectivités은 스크린과 디지털 시스템을 습관적으로 사용하느라
자신만의 세계에 고립되고, 타인의 육체적 존재는 물론 감각적
상호작용에 기반한 모든 사회생활을 부차적인 것으로 여기는 반면,
멀리 떨어진 유령의 형상에는 더욱 마음을 쏟는다.

　　　또 다른 예로, 영화 〈마이너리티 리포트〉(스티븐 스필버그 감독의
2002년 작품으로, 필립 K. 딕의 동명 단편소설이 원작이다)에서 톰 크루즈가
분한 주인공을 보자.**68** 범죄예방관리국의 팀장인 주인공은 시스템에
종속된 예지 능력자들이 범죄를 예언하면(예지된 것일 뿐 절대 확실하지
않다) 사건이 일어나기 직전 현장에서 이를 저지하는 임무를 담당한다.
그리고 저녁이 되면 집에 홀로 남아 오래전 여섯 살 나이로 실종된
아들의 홀로그램과 대화를 나누고 시간을 보내며 추억에 잠긴다.
스크린에 비치는 아들의 모습은 어린아이 모습 그대로인데, 옛날에
찍은 영상을 프로세서로 처리했기 때문이다. 주인공이 마약에
의존하는 것은 우연이 아니다. 자신 때문에 아들이 유괴당했다는
죄책감이 그를 갉아먹기 때문이다. 그래서 그는 예정된 살인 사건을

추적하고 실제로 발생하지 않도록 저지하는 일에 삶을 바친다. 데미우르고스Demiurge*적 테크놀로지를 사용하면 우리의 관점 또는 우리가 지배하려는 질서에 세계의 흐름을 순응시킬 수 있다고 상상하듯 말이다.

1997년 24세에 충격으로 사망한 랩의 전설 노토리어스 B.I.G.The Notorious B.I.G가 2022년 12월 16일 아바타로 부활했다. 그는 붉은 벨벳 수트와 형광 오렌지색 스니커즈 차림으로 무대에 나타나, 미리 녹음된 관객의 박수갈채를 받으며 〈모 머니 모 프라블럼스Mo Money Mo Problems〉를 불렀다. 그의 아바타는 메타의 플랫폼 호라이즌 월드Horizon Worlds에서 '라이브'로 공연을 펼쳤고, 현실과 환상이 뒤섞인 효과를 위해 수많은 연출 장치가 무대를 둘러쌌다. 현재 많은 콘서트와 공연이 이와 유사한 방식으로 열린다. 예를 들어 2023년 런던에서 처음 선보인 '아바 보이지ABBA Voyage' 쇼를 보면, 4인조 스웨덴 디스코 그룹 아바ABBA의 멤버들이 1970년대 전성기의 얼굴과 몸을 그대로 재현한 홀로그램으로 등장해 무대에서 노래했다. 데미우르고스적 테크놀로지가 끊임없이 정교해지고 있는 상황을 고려하면 머지않아 집에서도 루이 14세와 '함께' 저녁을 먹거나, 레오나르도 다빈치가 '있는' 작업실을 방문하는 시뮬레이션이 가능해지는 등의 비슷한 사례를 얼마든지 상상할 수 있다. 이와 같은 원리로, 과거의 말, 행동, 몸짓과 표정을 목록으로 만드는 과정을 거쳐 말과 이미지가 생성되지만 그 내용은 오로지 이미 일어난 일들에 한정된다.

---

* 플라톤 철학에서 이데아를 본떠 물질세계를 창조한 초자연적 존재를 가리킨다.

죽음이라는 관념이 한 사회나 문명의 정신을 드러내는 지표임은 주지의 사실이다. 죽음이 더 이상 우리의 근원적인 조건으로도, 영원히 닿을 수 없는 사람들에게 경의를 표하는 기억으로도 간주되지 않을 때, 순수한 등가성의 체제에서는 사람뿐만 아니라 현상도 구별되지 않는 지각의 혼선이 필연적으로 발생한다. 오늘날 일련의 테크놀로지 장비로 유지되는 이 흐름은 삶에서 더 많은 부분을 마음대로 조종할 수 있다는 인상, 전능감, 타인을 사물처럼 대상화하려는 성향을 심화시킨다. 이러한 관점에서 귄터 안더스는 보기 드문 예리한 통찰로 '다가오던 자신의 현재'가 보여줄 여러 차원을 포착했다. "비록 인간이 죽는다는 사실을 막을 수는 없지만 죽음에서 가시를 빼내고, 죽음이라는 운명이 암시하는 부끄러움을 질식시킬 수는 있다. 긍정적으로 말하자면 인간은 긍정이 너무나 매끄러운 나머지 죽음을 둘러싼 불편한 질문들이 침투할 틈조차 남기지 않는 세계, 그 어떤 요소도 부끄러움을 불러일으키지 않는 세계를 창조할 수 있다."**69**

삶이 디지털화된 결과로 우리는 멀리 떨어진 곳, 심지어 저세상처럼 아주 먼 곳조차도 가까운 곳보다 정서적이고 상징적인 가치가 더 크다고 여기는 시대를 살고 있다. 삶이 일터, 가정, 일상에서 불만과 실망을 낳기 마련인 반면, 멀리에서 빛을 발하며 고통을 주지 않는 어떤 것이 존재한다는 사실만으로 우리는 안정감과 더불어 여러 상황을 마음대로 통제할 수 있다는 인상을 받는다. 이 두 사실 사이에 상관관계가 없다고 할 수 있을까?

해를 거듭할수록 확인할 수 있는 사실은, 여러 측면에서 봉쇄 조치는 현재 형성 중인 뚜렷한 현상들의 시발점이었다는 것이다. 대표적으로 현시대에는 멀리 있는 모든 곳들이 우리 앞에 빛의 속도로 도달하며, 그 결과 우리는 혼란스러우면서도 위안을 받고

일상의 무게에서 해방되었다고 느낀다. 먼 곳을 픽셀로 경험하는 것이
일반화되면 육체를 지닌 존재인 타인과의 관계, 감각적 현실과의 관계,
손 닿는 거리에서 고유한 자기 자신을 표현하는 것과도 자동적으로
거리를 두게 된다.

　　　이 모든 것은 간단한 지시만으로도 시스템이 텍스트를 작성하고
이미지·영화·음악·노래를 생산하는 등, 가장 작은 바람도 즉시
실현해주는 세상에서 일어난다. 접속의 시대는 사람들을 하나의
'지구촌'으로 연결하고 '정보와 지식의 고속도로'를 열어줄 것 같았다.
그러나 20년이 지난 지금, 그 접속의 시대는 **가까운 곳의 가치가
떨어지는 시대로, 훨씬 더 은밀하게는 우리 스스로의 가치가 떨어지는**
시대로 변하고 말았다. 유령의 삶 속에서 인간의 정신은 자신이 모든
것을 통제할 수 있다고 착각하지만 실제로는 자신의 성향, 게으름,
신경증 그리고 셀 수 없이 많은 외부의 힘에 장난감처럼 휘둘릴
따름인 것이다.

III. 또 다른 유령

1. 자기다움의 피로[70]

우리 자신을 소멸시키는 테크놀로지

그 움직임이 일어난 때는 언제인지 정확히 알 수 있다. 2010년대가 기점이었다. 처음에는 다소 은밀했지만 시간이 흐르자 움직임은 꾸준히 확대되었다. 약 10년 동안 사람들은 디지털 테크놀로지가 안겨주는 모든 장점에 열광했고 심지어 도취되기까지 했다. 하지만 이후에 이에 대한 경고가 담긴 최초의 보고서들이 발간되었다. 디지털 테크놀로지를 점점 더 강박적으로 사용하면서 생겨난 불균형, 혼란, 고립을 인식해야 할 때가 온 것이다. 이 현상의 명칭은 **스크린 중독**이었다. 어떤 사람들이 술이나 도박에 빠지듯이, 어떤 의존증이 우리를 노리며 어느덧 정신적 균형과 타인과의 관계를 잠식하고 있었다. 그러자 신문 '1면', 라디오·텔레비전 방송, 다큐멘터리가 물밀듯이 픽셀의 노예들을 초대해 그들이 겪은 고충, 고립, 불안을 고백하도록 했고, 옆에는 심리학자, 소아정신과 의사, 부모, 교사들이 함께해 이 재앙의 심각성을 경고했다. 겉보기에는 갑작스럽게 인식이 제고된 듯 보였지만 이는 사실 두 가지 오류에서 비롯되었다. 첫째, 이러한 분석은 죄책감을 자극하는 도덕주의에 물들어 있었다. 소위 전문가들이 기술 중독자들을 차가운 이성으로 꾸짖으며 내놓은 것이었기 때문이다. 둘째, 대부분의 담론이 건전한 생활 습관과 적절한 교육을 촉구하는 내용으로 귀결되었다. 마치 그런 권고가 실제로 효과가 있는 듯 말이다. 하지만 이는 오진이었다. 중독은 표면적 현상에 불과했기 때문이다. 우리가 마주한 것은 단순히 사회적 사실이 아니라 문명적 현상이다. 다시 말해, 타인 및 현실과 맺는 관계를 언제나 우리에게 유리한 방식으로 재정의하는 세계에 우리가 흡수된 것이다.

세계 어디에 있든 우리는 바깥 세상보다 무한히 풍요로워
보이는 범람하는 디지털 세상에 시선을 고정한 채 살아왔다. 고갈될
줄 모르는 깊이를 지닌 세계는 매끄럽고 협소한 스크린으로 축소된
듯 보였지만, 그 안에서 더욱 다채롭고 입체적이며 강렬하고 타인과
'가까이' 있다는 느낌을 주었다. 우리가 기술과 맺는 관계는 더 이상
인공기관이거나 인지의 차원에 속하지 않았다. 처음으로 실존적
차원에 속하게 되었다. 오늘날 대세가 된 기술의 한 갈래가 끊임없이
일상에 함께하는 힘을 얻었고, 그 정수는 우리에게 최고의 실재감을
안겨주었다. 이와 더불어 우리는 무한한 텍스트 자료와 서비스에
접근할 수 있을 뿐 아니라, 기분을 전환하고, 듣기 좋은 말만 들으며,
언제나 덜 노력해도 되는 삶을 제공받았다. 이 모든 것은 우리가
대부분의 활동에 일정한 거리를 두게 하되, 정확히는 현실에서
한걸음 물러서서 활동하게 하되, 동시에 어떤 힘의 감각을 부여했다.
이로써 우리는 삶이 픽셀화됨으로써 우리의 또 다른 주체성이 은밀히
형성되어왔다는 사실을 깨닫는데, 그것은 바로 **자신은 거의 전능하며
보호받는다는 주체성**이다. 이는 우리의 취향과 의견을 반영하는 '필터
버블'＊ 때문이 아니다.[71] 그보다 훨씬 더 중요한 현상의 한 효과에
불과한데 **우리 정신의 구형화**球形化가 그것이다.[72] 다시 말해 사람들이
사회적 장에서 물러나는 후퇴가 일어나고 있다. 이는 거의 느낄 수
없을 정도이지만 그 결과는 훨씬 해롭다. 자신의 손에 쥐어진 기술적
수단이 매우 특별한 능력을 지니고 있어 혼자서도 충분하다는 자족적
착각을 불러일으키기 때문이다.
　　바로 이 지점에서 우리는 근시안적 분석과 클리셰를 넘어, 삶의

＊　사용자가 맞춤형으로 필터링된 정보만을 접하는 현상을 뜻한다.

극단적인 테크놀로지화가 이른바 정신분열적인 의식을 초래해왔다는 점을 이해해야 한다. 스스로를 활동적이라 생각하지만, 실은 구체적인 현실에서 멀어지고 타인과의 건설적인 관계도 상실해가는 의식을 말이다. 전례 없는 형태의 수동성이 등장한다. 이 수동성은 멈추지 않기 때문에 가장 활동적으로 보이지만 실제로 어떤 능력을 발휘해서 자랑스러운 구체적 성과를 이루는 경우는 거의 없다. 에너지가 비생산적으로 소모되면서 좌절감은 오히려 커져갈 뿐이기 때문이다. 많은 사람들이 일상에서 느끼는 좌절감은 심해지고 행동하는 능력은 은밀히 무력해진다. 이러한 현상은 2000년대 말부터, 우리가 가야 할 올바른 길을 밤낮으로 지시하는 인공지능 시스템이 등장하면서 조성되었다. 우리의 자발적 무력함에, 이제는 언어적 형태까지 취할 수 있게 된 신호를 통한 행동의 유도가 결합한 결과이다. 이 환경에서 우리의 감각 능력은 경직되고, 삶의 방향을 의식적이고 독자적으로 이끌어가려는 자연스러운 성향은 감퇴한다. 요컨대 이 복합적인 상황으로 형성되는 것은 **생명력을 잃은 주체성**이다.

스스로를 포기한 결과 각자에게 부여된 책임의 의무는 사라진다. 자신을 구성하는 본질적이고 무한한 자원을 바탕으로 운명을 장악하기를, 가능한 한 건강한 공동체를 만들고자 노력하기를 촉구하는 의무 말이다. 이러한 자기 포기와 더불어 최근 등장한 생성형 인공지능은 **우리의 본질적 요소를 부정**하는 과정을 초래한다. 챗GPT를 선두로 한 여러 인공지능 시스템이 작성하는 텍스트의 품질은 언뜻 보기에 계속 개선되었다. 자유롭게 결정을 내릴 수 있는 자연권을 빼앗긴 데 이어, 가장 근본적인 능력인 언어 구사력마저 우리에게서 이탈하는 현상이 어떻게 안 보일 수 있겠는가. 따라서 수많은 엔지니어와 컨설팅 회사들이 지겹게 되풀이한 수사적 말장난,

즉 '인간과 기계의 상호보완성'이라는 사기극에는 분명히 이의를 제기해야 마땅하다. 그들의 말마따나 우리를 대신해 글을 써주거나 '더 잘 쓸 수 있게 돕는' 테크놀로지 따위는 전혀 필요하지 않다. 우리는 결국 우리 재능을 살해당하고, 인간관계의 본질과 묘미를 빼앗길 뿐이다.

어느 때보다 우리에게 필요한 것은 현재의 흐름과는 완전히 반대 방향에 존재한다. 자기 표현을 위해 SNS 플랫폼에 끊임없이 포스팅을 올리는 것처럼 일방향적이고 단정적인 언어 체제는 필요하지 않다. 우리에게는 전적으로 자유롭고 다원적인 정치 공동체에서 각자 자기 이름을 걸고 고유한 목소리를 내는 일이 필요하다. 인류를 '식물인간화'하는 산업화되고 표준화된 언어 체제와는 정반대이다. 미셸 푸코는 '자기 기술techniques de soi'을 '혼자서 또는 타인의 도움을 받아서 신체와 영혼, 사유, 행동, 삶의 방식에 대한 여러 수련을 통해 자기 자신을 변화시켜 행복, 순수, 지혜, 완성, 영원에 이르는' 절차로 정의했다.**73** 오늘날 이 아름답고 생명력 넘치는 '자기 기술'은 다양한 외부 요인과 인간의 근본적 성향인 게으름으로 인해 조금씩 방치되다가 마침내 무시되기에 이르렀다. 지금은 명맥만 남은 자기 기술은 '자신을 소멸시키는 테크놀로지'로 인해 매우 가까운 시일 내에 뿌리뽑히고 말 것이다.

이것은 언어가 아니다

〈2001: 스페이스 오디세이〉에서 우주선의 전자두뇌인 할HAL은 우주선을 조종하고 선내 생활의 모든 파라미터를 관리하는 전지적 능력을 보여준다. 그러나 할의 아우라는 그보다 훨씬 더 인상적인 능력, 곧 말하는 능력에서 나온다. 할은 유창하고 자연스러워 보이는 방식으로 승무원들과 대화하고 상대의 말을 이해하며 조언을 건네고 감정을 읽는다. 심지어 기지를 발휘해 (입술 움직임만으로) 대화 내용을 해석하여 계략을 꾸미는 장면은 보는 이를 심란하게 만든다. 그의 고차원적 속성은 침착함, 통제력, 우월감이 느껴지는 목소리에서도 드러나며, 등장인물들과 관객은 낯선 불편과 불안을 느낄 수밖에 없다. 스탠리 큐브릭이 영화를 만든 1968년 당시 이는 도달 불가능한 수준의 기계적 언어였다.

　　　물론 관련 연구는 이미 진행 중이었다(특히 사이버네틱스의 영향으로 1950년대부터는 결국 인공지능 시스템이 인간의 거의 모든 인지 작용을 대체하고, 심지어 더 신속하고 더 높은 신뢰도를 보이리라 전제했다). 초기 단계부터 엔지니어, 정보과학자, 수학자, 언어학자 등의 참여가 필요했지만, 기계가 언어를 인공적으로 조작하는 수준에는 결코 도달할 수 없을 듯했다. 그래서 현실을 고려해 좀 더 단순한 방식, 즉 데이터베이스에서 키워드를 통해 텍스트 자료를 식별하는 인덱싱 기술이 개발뇌었다. 사회가 디지털화됨에 따라 이 필요성은 더욱 시급해졌다. 특히 인터넷이 보편화되고 초기 검색엔진들이 등장하던 시점에 더욱 그러했다. 같은 시기에 기계번역 분야도 질적으로 도약했지만 미묘한 언어적 뉘앙스를 파악하는 일, 예컨대 문맥에 맞게 단어를 사용하거나 모호한 표현을 이해하기는 어려웠다. 그런데 모든 예상을 깨고 2010년 무렵 기술이 한 단계 도약했으니, 바로 '신경망'이라 불리는 기술의 갑작스러운 고도화였다. 다시 말해 서로 다른 연산 블록들을 연결하고, 상호 의존 논리에 따라 복잡한 특정 작업을 병렬적으로 수행하여, 동일한 목적을 달성하기 위해 이전보다 훨씬 많은 연산을 수행하는 것이 가능해졌다.

　　　이는 기술과학의 한 분과가 인간의 뇌를 최고의 모델로 삼아 의인화를 시도한 전환점이라고 할 수 있다. 특기할 만한 점은, 구축된 아키텍처들이 특정 작업 수행 시 인간보다 훨씬 강력한 기능을 발휘하도록 설계되었다는 점이다. 이 전제는 연구 당시 지배적이었기에 인지능력의 비중을 점점 더 많이 인공 기술에 전가하는 결과로 이어질 수밖에 없었고 마침내 언어 생성 능력을 기계에 부여하는 극한점에 도달했다. 게다가 이에 사용된 절차 중 상당수는 의인화된 개념을 포함했다. '오류를 통한' 자동 학습(머신 러닝), 즉 동물원의 동물처럼 우리가 '훈련시키는' 시스템이 그 사례이다. 이 장치들은 프로세서 연산 능력의 끊임없는 향상과 알고리즘 과학의 지속적인 고도화에 의존하며, 불과 얼마 전까지만 해도 상상할 수 없었던 성과를 거두고야 말았다. 예컨대 각종 스마트 스피커와 음성 인터페이스는 2016년부터 시장에 출시되었고, 고속 자동 텍스트 번역의 경우 꾸준히 품질이 향상된 끝에 최근에는 전문가의 손길을 거친 듯한 수준에 이르렀다.

그리고 2022년 11월 30일, 상당히 예상 밖의 기술적 도약, 다시 말해 전 지구를 뒤흔든 사건이 느닷없이 일어났다. 바로 오픈AI라는 회사가 '대화형 로봇' 챗GPT를 개발해 누구나 이용할 수 있도록 온라인에 공개한 일이다. 먼저 눈에 띈 점은, 문자로 된 질문에 답하도록 설계된 이 시스템이 문장 구성과 일관성 면에서 '엄청나게 뛰어난' 응답을 내놓았다는 사실이다. 그럼에도 사람들은 이보다 더 많은 것을 기대하는 듯했다. 챗GPT의 응답은 여전히 불완전하니 인간의 응답과 대등한 수준에 이르려면 많은 진전이 필요하다면서 비판적 사고가 심각하게 결여된 태도를 드러낸 것이다. 그런데 바로 이 지점에서 사람들은 크게 착각한다. 이 시스템이 우리와 유사한 언어를 사용한다고 믿는 것이다. 그러므로 디지털 산업이 형성한 담론을 무비판적으로 받아들이는 대신, 이와 거리를 두고 기술이 실제로 어떤 원리로 작동하는지 살펴봐야 한다. 이 기술은 데이터베이스나 인터넷에서 이용 가능한 텍스트 자료의 구조를 세밀하게 해부하고, 그로부터 의미론적 패턴을 도출해낼 수 있다. 인공지능이 생성한 문장은 통계적 분석을 기반으로 작동하는 알고리즘이 만든 산출물일 뿐이라는 사실을 이해해야 한다. 이 알고리즘의 유일한 출처는 기존의 데이터 범주로, 예측 모델에 기반하며, 앞에 온 단어 뒤에 올 확률이 가장 높은 단어를 선택하는 방식을 사용한다. 그래서 소위 '자연'어가 전제하는 바와는 아무 관련이 없다.

인간 언어의 본질은 단어와 문법 규칙으로 구성된 방대한 어휘 체계와 우리가 문장을 표현하는 능력 사이의 긴장에서 비롯한다. 우리가 시간과 맺는 관계는 과거에 국한하지 않고 현재와 항구적 변화devenir가 함께 빚어내는 흐름과도 관련이 있다. 말하거나 글을 쓸 때마다 우리는 표현의 바다에서 끊임없이 표현을 길어올리며 매번 특정한 맥락에 불확실한 방식으로 우리를 맞춰간다. 모든 발화와 글은 언제나 사전적 도식화를 뛰어넘어 샘솟는다. 폴 발레리는 이렇게 썼다. "정신은 매 순간 분출한다. 기억이 이를 보조하더라도 끊임없이 변화하는 환경에 따라 정신도 끊임없이 변화한다."[74] 기계 언어에서는 현재 진행형으로 순수하게 정해지지 않은 상태란 없다. 기계 언어는 단지 파라미터 설정의 결과이자 정해진 규칙에 대한 응답에 불과하기 때문이다. 우리는 이러한 문명 모델이 구축되고 있다는 사실을 파악하고 있는가? 이 모델은 다음과 같은 이중의 변화를 겪으면서 언어와 관계 맺기 시작한다. 첫째, 소위 우리와 동일한 모습에 말하는 능력을 가진 생성형 인공지능이 앞으로 여러 일상 업무는 물론 타인과의 관계까지 관리하고, 그 과정에서 독자성과 창조성은 텅 비어버린 유사 언어를 구사할 것이다. 이 현상은 우리의 언어 구사 능력을 빼앗고, 인류는 테크놀로지·경제 복합체로 인해 역사상 소외의 극치를 경험할 것이다.

IV. 탈주체화 과정

둘째는 이 테크놀로지의 주요 목표이기도 하다. 친숙하고 친근한 어조로 좋은 말씀을 나누지만 인공지능 시스템의 판단은 우리가 내리는 판단보다 훨씬 더 신중하다고 여겨지며, 이런 식보다는 저런 식으로 행동하기를 유도하면서 도구적 대화 관계를 정립할 것이다. 여기서 추가로 언급할 점은, 이 시스템은 꾸준히 고도화되는 중이므로 훨씬 더 자연스러운 모습으로 나타날 것이고, 전지적 의식과 비슷하게 느껴지는 권고로부터 등을 돌리기는 어려우리라는 점이다. 산업화되고 표준화된 언어는 인간의 언어를 대신하고, 계속 인간을 안내하는 것이 자연스러운 태도가 될 것이다. 특히 젊은 세대는 곧 이를 매우 편안하고 당연하게 받아들이리라 예상되는데 이를 후성유전*적 과정이라 볼 수 있다. 인간의 정신은 완전한 능동성을 발휘하도록 만들어져 있지만 이 시스템에 의존하면서 표현 능력을 점점 덜 사용하게 된다는 말이다. 이 테크놀로지의 확산으로 초래되는 파급 효과는 중·장기적 관점에서 평가해야 한다. 니체는 "누가 말하는가?"라고 물었다. 오늘날 환원주의와 효용주의에 기반한 세계관을 전파하는 것은 생명력을 잃은 언어로 이루어진 프로그램들인가? 우리의 정신과 감수성에서 나오는 독자적인 목소리만이 타인 그리고 현실과 능동적인 관계를 맺도록 할 수 있는가? 이러한 단절을 고려하면 우리가 현시대에 촉구해야 할 점은 명확해진다. 환경위기와 같이 대다수가 매몰되다시피 우려하는 사항뿐만 아니라 언어의 문제 또한 우리 시대의 도덕·정치·문명적 차원의 과제로 삼을 것을, 즉 진정한 공동체 속에서 우리 자신의 이름을 걸고 말할 것을 촉구해야 하는 것이다.

---

* 유전자 발현 방식이 염기서열 변화 없이도, 환경에 따라 후천적으로 조절된다는 뜻이다.

2. 인류의 '식물인간화'

점진적 자기 상실

2000년대 말, 결정적이면서도 꽤 파악하기 어려운 사건이 발생했다. 바로 테크놀로지의 '명령적 전환tournant injonctif'이었다.[75] 테크놀로지의 여러 분과 중 하나인 인공지능은 수많은 상황을 판단하고 적절한 행동을 알려줄 수 있었으며, 머지않아 그 비중은 확대되었다. 권유에서 강제에 이르기까지 다양한 수준으로 행동을 유도하는 추천형 인공지능이 도래한 것이다. 신체는 더 이상 뚜렷한 형태를 가지고 다양한 방식으로 질서화되지 않는다. 예를 들어 공장의 포드주의가 밀리미터 단위로 군무를 만든 것처럼 뚜렷하지가 않다. 그 대신 신호에 의존하고 뚜렷한 형태를 알아보기 어려우며 주체를 알 수 없는 세계의 자연스러운 질서에 속한 듯한 메커니즘이 작동한다.

이제 이 에토스에 또 다른 흐름이 결합된다. 단순한 프롬프트만으로 텍스트·이미지·음향을 생성하는 시퀀스이다. 그 실행 속도는 우리와 비교할 수 없을 만큼 빠르고 결과물의 품질 역시 계속 향상될 것이다. 즉, 이러한 시스템 구조는 인간이 자신의 가장 근본적인 능력을 사용하지 않고 점차 포기하도록 유도한다. 물론 엄청난 고의는 아니었지만, 산업혁명 이후 오늘날에 이르기까지 자본주의 정신은 인간의 본질, 결과적으로 사회의 본질에서 점점 더 많은 부분을 잠식하는 길고도 긴 길을 걸어왔다. 공장에서 녹초가 되거나 오선지 위의 악보처럼 통제되는 신체의 시대, 개인에게 과도한 책임을 떠넘기는 경영 방식 탓에 영혼이 길을 잃고 번아웃이 유행하는 시대, 소비자가 쉴 새 없이 쏟아지는 알림 공격을 받는 시대 이후, 우리는 우리 자신의 본질을 구성하는 것에서 이탈하는 시대를 살고 있다.

이렇게 다양한 방향성을 띤 행동들의 영향력은 시대에 따라 변모했다. 그러나 각 행동이 서로를 배제하는 성격을 띤 적은 한 번도 없고 벽돌이 하나하나 쌓이듯 모여 인간의 능력을 무력화했다. 시간이 흐르면서 이 논리에 따르는 인구는 꾸준히 증가했고 오늘날 보편적인 성격을 띠게 되었다. 특이한 점은 최근 은밀하게 나타난 과정이 언뜻 보면 소비자의 일상을 편리하게 해주는 듯하지만, 사실은 우리가 우리 자신을 기꺼이 포기하도록 하는 분위기를 조장한다는 점이다. 산업화된 게으름, 즉 거대한 시장이 된 프롬프트주의는 마침내 대세가 될 것이다. 이 모든 것은 겉으로는 쿨해 보이지만 어리석기 짝이 없는 대중이 왜 그토록 열광하는지에 대한 이유를 설명해준다. 프로그램화된 어리석음을 대중이 흔쾌히 받아들이기 때문이다. 우리는 두 가지 해악에 직면했다. 하나는 어쨌든 현재의 기술·경제적 흐름이 매우 유리해 보이기 때문에 인간은 이에 저항하지 않는다는 것이고, 다른 하나는 인간이 마비되고 쓸모없어지도록 판이 깔리고 있는 중이라는 것이다.

이 점에서 2023년 3월, 오픈AI와 펜실베이니아대학교 연구진이 공동으로, 챗GPT의 조직적 사용에도 사라질 위기에 처하지 않을 직업 서른네 가지를 발표했다는 점은 시사적이다. 언뜻 보기에는 장난 같은, 마치 프랑스 시인 프랑시스 퐁주Francis Ponge의 시집《사물의 편Parti pris des choses》에서 막 튀어나온 듯한 아름다운 직업들에는 도축업자, 육류 포장원, 지붕잇기공 보조, 육상선수 및 스포츠 선수, 주형·코어 제작원, 전선 설치·수리원, 자동차 유리 설치·수리원, 주방 보조원, 오토바이 정비원 등이 있다. 이 직업들은 물론 존중받아 마땅하지만 오랜 기간이 소요되고 많은 비용을 동반하는 고등교육이 필요하지는 않다. 그렇다면 우리가 마땅히 제기할 수 있는 문제는 이와

반대로 앞으로 사라질 직업의 목록은 어째서 만들지 않았는가 하는
점이다(오픈AI 공동창립자 샘 올트먼은 2017년 스탠포드대학교 학생들 앞에서
'아침에 일어날 때' 자신이 '하루에 파괴할' 일자리가 얼마나 많을지 자문할 때가
있다고 했지만,**76** 그 이후로는 회사의 공식 입장과 노선을 같이했다). 올트먼이
약 20년 동안 주장한 바는 모든 것이 항상 '창조적 파괴'를 맞이한다는
확신이었고, 이러한 이데올로기에 의해 구식화된 직업이 새로운
직업으로 대체되는 현상은 지극히 당연하고 정상적이라는 것이었다.
하지만 현실을 볼 때 이 주장은 그 어느 때보다도 거대한 기만이다.
1980년대 기업체에서 (어쨌든 바람직한 논리에 따라) 자동화가 점진적으로
도입되자 고강도 노동은 사라졌지만 오히려 이제는 고도의 인지능력을
요하는 직무가 위기에 처했기 때문이다.

　　　후자의 직무는 정신의 자유로운 활동을 통해 우리가 재능을
발휘하고 자아실현에 기여하며 타인과 건설적 관계를 맺는 동시에
건강한 자존감을 갖게 한다는 점을 상기해야 한다. 생성형 인공지능은
마치 폭풍이 휩쓸듯 고숙련 직업들을 강타할 것이다. 통념과 무감각이
만연한 세상에서 이 폭풍은 세상의 자연스러운 변화의 일부로
여겨지고 말 것이다. 인공지능이라는 테크놀로지가 도래하면서
우리의 정신적 능력을 뿌리뽑자 샘 올트먼은 멸종하는 일자리들의
목록을 만드는 모험은 하지 않는 편이 현명하다고 여겼을 것이다.
이제 그를 대신해 우리가 작업에 뛰어들자. 프랑시스 퐁주와 비슷한
문체 아니, 더 엄숙한 부고문의 형식으로 말이다. 교수, 변호사,
공인회계사, 그래픽 디자이너, 사진가, 기자**77**, 비서, 번역가, 교정자,
성우 등이 해당할 것이다. 하지만 겉보기에는 위험이 적어 보이는
직업들, 예컨대 영화감독, 시나리오 작가, 작곡가, 예술가 등도 여기에
포함된다(예술가는 **프롬프트**만 사용하게 될 수도 있다). 이는 한나 아렌트가
《인간의 조건The Human Condition》에서 정의했던, 우리 자신을 '호모

파베르Homo faber'(도구적 인간)로 확립하려는 시도를 집단적으로 포기하는 행위이다. 다시 말해, 능력이 모두 잘려나간 '호모 라보란스Homo laborans'(노동하는 인간)와 정반대로, 일상에서 창의성을 발휘하고 일을 훌륭히 수행함으로써 즐거움과 만족감을 찾는 상태를 포기하는 것이다. 우리는 고귀함을 향한 열망을 포기하면서, 전례 없이 폭력적으로 다가오는 현재를 보려 하지 않거나 보지 못하고 있다. 인간의 윤리적 의무는 인간이 자신을 포기하지 않도록 전력을 다해 저지하는 것이다.

이러한 수용적 태도가 일반적으로 확산된 이유는 주로 두 가지이다. 첫째, 통념을 따르는 만큼이나 무기력한 태도로 이 폭발적 변화는 기술·경제 흐름의 영역에 속하기 때문에 당연하고 피할 수 없다고 여기기 때문이다. 둘째, 인간이 수동성에 자신을 내맡기는 성향을 가지고 있기 때문이다. 사람들은 이 시스템을 반기며, 더 이상 '헛되이' 정신력을 소모하지 않아도 되니 편리하다는 핑계로, 저급하기 짝이 없는 자기 포기를 택한다. 역사상 유례없는 정신과 문화의 위기가 도래하지만 여기에서 빠지겠다는 것이다. 아주 사소한 가치부터 위대한 가치에 이르기까지 다양한 가치를 지닌 목적을 달성하는 데 필요한 능력을 인류의 압도적 다수가 발휘하지 않으려 든다면, 이는 우리 대신 외부의 세력이 많은 상황을 전적으로 자유로이 통제하도록 판을 깔아주는 셈이 된다. 우리가 이 세력의 가장 순진하고도 순종적인 장난감으로 전락하리라는 사실을 어떻게 예상하지 않을 수 있는가?

적응은 순응이다

1968년 세계 여기저기에서 '봄'이 나타나고, 1980년대 초 여러 국가들이 신자유주의로 전환하면서 생겨난 변화로 주목할 점이 있다. 사회의 변화와 기술 전환에 '뒤떨어지면' 안 된다는 통념이 공립학교에 자리 잡았다는 사실이다. 오늘날 역사적 거리를 두고 보면 이 정신 상태는 말해지지 않은 콤플렉스의 발로였다. 공교육이라고 하면 떠오르는, 소위 고착된 관행에 갇힌 구시대적 장소의 이미지를 벗어던지고, 현시대의 입맛에 따르려 한 것이다. '담벼락 안'과 '바깥 세계' 사이에서 느껴지는 균열은 잠재적으로 대립을 조장할 수 있었기에 이 문제는 해결 과제로 떠올랐다. 그리고 그 대응책은 다양한 교육적 혁신과 더불어 학교에 컴퓨터 장비를 도입하는 정책으로 나타났다. 정보화 사회로 진입하는 시점에 이 흐름을 무시한다는 것은 상상조차 할 수 없었다. 교실에 컴퓨터를 들인다는 것은 새로운 행동 양식을 장려하고, 미래 직업에 필요한 무기를 갖추는 절대적인 시대적 요청으로 여겨졌다. 20여 년간 이어져온 논리에 따라 초기에는 기초 과정이 중심이 되었지만, 인터넷이 일반화된 21세기에 이르러 무게중심은 옮겨갔다. 이제 관건은 필수적으로 여겨지는 테크놀로지에 대한 훈련만이 아니라, 꾸준히 고도화되고 확장되는 일부 테크놀로지를 이용해 소위 더 풍부해진 교육을 제공하는 것이었다.

그저 바람직하다고 여겨졌던 학습은 마치 종교처럼 체계적 원칙으로 격상되었다. 그 결과 공립학교에서 '디지털 전환'이 일어났다. 컴퓨터를 대규모로 구입하고 나중에는 태블릿 및 '교육용' 플랫폼(교사, 행정직원, 학생, 학부모를 연결하는 인터페이스도 포함한다)까지 도입했다. 이 방식은 끊임없는 클릭과 지식을 쌓는 과정을 혼동한 나머지 지식의 기준을 정보 접근성으로 두었고, 참여성을 과하게 추켜세우느라 순진한 상대주의에 판을 깔아주었으며, 글보다는 말하기와 '표현'을 중시하여 책의 입지를 점점 축소시키는 결과를 초래했다. 학생을 가르치고 사고력을 자극하는 교사의 역할은 서서히 줄어들고 재규정되었다. 이제 교사는 온라인으로 접근할 수 있는

IV. 탈주체화 과정

자료를 알려주고, 학생들이 댓글을 달면 응하는 '코치'로 인식된다. 그 결과 학생들이 스스로 능력을 발휘해 인내심을 가지고 차근차근 교양을 쌓거나 비판적 사고를 형성하는 과정은 저해되었다.

　　물론 이 모든 흐름은 어떤 통념에 근거했고 하드웨어·플랫폼 산업 측의 강력한 로비 활동으로 유지되었으며 학교에서 심화되는 문제들을 하루아침에 간단히 해결할 수 있는 기적 같은 방법을 제공하는 듯했다. 그리고 이 흐름에 따라 장관, 장학사, 학교 관리자, 때로는 교사들의 극찬이 쏟아졌다. 여기에는 동의를 생산하는 방식이 교묘하게 사용되었다.* 즉, 사전에 관계 당사자들을 포함해 평가 위원회를 발족하고 적절한 연수를 시행하며 정기적인 영향 평가 보고서를 작성하는 등 응당 거쳐야 하는 단계를 건너뛴 것이다. 교육 분야의 대규모 디지털 전환에 있어 높은 비용과 오랜 기간을 요하는 사전 검토 작업은 성가실 따름이었다. 오히려 디지털 교육을 왕좌에 옹립하려면 만사를 제쳐두고 막대한 공공지출을 투입해야 마땅했다.[78] 당연한 역사적 방향이라는 생각이 지배적이었기 때문에 이를 조금이라도 비판하거나 의심하면 어김없이 퇴보적이라는 꼬리표가 붙었다. 우월의식에 가득 찬 사람들은 촛불에 의지하는 시대로 돌아가거나 '아미시Amish** 생활 방식'으로 돌아가자는 뜻이냐며 조롱했다.[79]

　　그로부터 20년이 흐른 현재, 일부 교사진이나 학부모만이 아니라 당시 디지털화를 적극 지지했던 사람들은 자신에게 불리한

---

*　　대중매체의 편파적 시각에 의해 국민이 정부 정책을 수용하는 현상을 촘스키는 '동의 생산manufacturing consent'이라고 일컬었다.

**　　현대 기술 문명을 거부하는 미국의 기독교 공동체를 가리킨다.

증언을 꺼내기 시작했다. 이제서야 당시의 결정이 지나치게 성급했고, 그로 인해 온갖 피해가 발생했다고 뒤늦게 고발했던 것이다. 예를 들어 2023년 5월, 스웨덴의 신경과학자 토르켈 클링베리Torkel Klingberg는 다음과 같이 깊은 후회를 털어놓았다. "우리의 야심은 현대화였다. 학생들에게 컴퓨터를 주었지만, 무엇을 하는지 왜 하는지는 전혀 돌아보지 않았다. 전체적인 비전 하나 없이 디지털화 그 자체가 목적이 되어버렸다."**80** 향후 몇 년간 들려올 많은 이야기를 통해 우리는 당시 디지털화의 유해한 영향이 불가피하게 예정되어 있었다는 사실을 확인할 것이다. 어느 날엔가 문득 독단이라는 선잠에서 깨어나* 공개적으로 잘못을 인정하는 것은 분명 반가운 일이지만, 이미 피해가 발생한 후에는 너무 늦었다. 현상이 막 발현하는 시점에 의식을 각성해야 하는 이유이다. 폭풍이 지나간 뒤 잘못을 인정하고 사죄하는 것은 별 소용이 없다.

　　　왜냐하면 이 교리는 근본적으로 오류이기 때문이다. 분명 학교의 활동 영역은 역사만큼이나 현재의 목소리에도 귀 기울여 설정되어야 한다. 그러나 무엇보다 학교는 세상의 거친 파도를 피하는 성소이다. 무한한 개방성과 이로부터 거리를 두는 요청 사이에서 적절한 긴장이 유지되도록 끊임없이 노력해야 하는 것이다. 즉, 인내심을 가지고 지식을 통합하고 사유하며 노력과 타자성을 배우고 작품을 보는 안목을 기르는 등 일종의 근본적인 능력을 배양해야 한다. 이런 교육을 제공하지 않는 학교는 그저 시대에 뒤처질까 봐 겁에 질린 나머지 사회의 유동적 변화에 맞춰나가기만 하는 반향실에 불과하다.

＊　칸트는《프롤레고메나Prolegomena》에서, 필연성은 없고 개연성만 있다는 흄의 주장이 오랫동안 독단이라는 선잠에 빠져 있던 자신을 깨우고 형이상학 탐구에 전혀 다른 방향을 제시해주었다고 밝혔다.

IV. 탈주체화 과정

그런데 디지털화가 강행된 지 20년 후에 예기치 못했던 변화를 깨닫게 된 오늘날, 역사는 다시금 머뭇거리고 있다. 챗GPT가 온라인에 공개되고 얼마 되지 않아 이러한 시스템은 지속적으로 고도화되었고 교육 관행을 변화시키는 차원을 넘어 언어를 구사하고 간단한 지시만으로 글과 논문을 작성했다. 이렇게 교육의 원칙 그 자체가 매우 빠르게 무용해지는 상황에서도, 어떤 교사들은 인공지능 사용 금지는 불필요한 두려움을 나타내는 행동일 뿐이며 오히려 '인공지능 시스템의 자원을 잘 활용하도록 함께해야 한다'고 주장했다.

한눈에도 건실하고 교양 있는 지성인들이 어떻게 '글을 더 잘 쓰려면' 기계가 필요할 수도 있다고 생각하게 되고 말았는가? 이 기계들이 구사하는 언어는 본질적으로 환원주의적이고, 태생적으로 우리 능력의 일부 또는 전체를 대신할 수밖에 없는데 말이다. 아니면, 이미 요즘 학생들은 언어를 잘 구사할 수 없으니 차라리 인공 **대필 작가**들이 떠먹여주는 편이 바람직하다고 진단을 내린 것인가? 둘 중 어떤 경우가 맞든지 체념과 냉소가 느껴지는 것은 어쩔 수 없다. 언어는 독자성을 표현하고 타인과 연결되며 우리 각자의 내면에 있는 천부적 소질을 발휘하게 만드는 도구이다. 그런데 이 언어를 정확하게 구사하는 방법을 가르치지 않아도 된다는 사실을 즐거운 불꽃놀이 축제처럼 받아들이는 것이다. 문법 규칙과 가장 기초적인 문장 구성을 배우지 않아도 되는 것이 자명한 사실인 양, 앞으로는 '중대한 과제'에만 매달리겠다는 식이다. 이는 높은 곳을 지향하기에 앞서, 주택이든 고층건물이든 언제나 깊고 탄탄한 기초가 필요하다는 사실을 외면하는 것이다.

이들에게 최악의 수치란 역사의 변두리에 있다고 느끼는 것뿐이다. 학생들이 언어의 풍요로움에 발을 담그고, 지겹긴 하지만 고유한 문장을 써내려가는 노력에서 즐거움과 성취감을 느끼며,

공통의 유산과 주관성 사이에서 끊임없이 발생하는 창조적 긴장을 느낄 기회를 박탈하는 것을 이들은 결코 수치로 여기지 않는다. 청소년기부터 '디지털 세상'에서 성장한 교사 세대는 '혁신'이라면 무엇이든 정상적인 것, 심지어 바람직한 것으로 여기지만, 혁신으로 인해 포기해야 하는 것들은 경시한다.[81] 애석하게도 일부 교사 집단의 우둔함은 학생들까지 물들이고 말 것이다. 이러한 변화를 두 팔 벌려 환영하는 것이, 기술·경제적 세계에서 진리가 나온다고 수긍하는 것 아니고 무엇이겠는가? 나아가 불가침 대상으로 여겨졌던 인본주의적 요구를 무력화하는 태도가 아니고 무엇이겠는가?

이들의 동의는 오늘날 당연하게 여겨지는 **적응**이라는 원칙에서 비롯한다. 1980년대부터 지배적이었던 경제·경영 논리는 지속적인 유연성을 요구했다. 제약을 덜 받는 듯한 일부 기업들조차 이제는 불가피한 흐름으로 여겨지는 이 논리를 이어받아 적극적으로 확산시킨다. 그리고 이것을 쿨하고 유쾌한 버전으로 재전유할 수 있다고 생각한다. 즉, 가장 저급한 예속 상태가 소위 '유행하는' 행동처럼 격상되었다. 이 과정에 후광이 씌워지면서 사람들은 그 논리가 어떤 원리로 작용하는지를, 힘의 관계는 서로 다른 이해관계와 원칙 위에 형성되어야 한다는 요구를 잊고 있는 것만 같다. 다가오는 싸움에서 우리가 맞서야 할 상대는 이러한 시스템을 만드는 자들이나 이를 선전하는 통념만이 아니다. 사회의 중심에서 인공지능 시스템을 일상적인 것으로 만들고, 우리가 자신도 모르게 우리 자신을 포기하도록 하는 자들이다.

교육 분야를 넘어 높은 인지능력을 요구하는 직종의 대대수는 좋든 싫든 이 적응이라는 신성불가침적 도그마에 의지한다. 효용주의가 절대적으로 군림하면서 모든 창의성은 점진적으로 축출된다. 더구나

IV. 탈주체화 과정

세계적 차원에서 경제 논리에 따라 경쟁이 이루어지는데 서로 다른
원칙을 적용하기란 불가능하다. 어지간히 순진하지 않고서야 이는
누구나 예상할 수 있다. 경쟁 체제에서 같은 원칙이 적용되지 않으면
수익 손실로 이어지고 결국 해당 활동은 끝장나기 때문이다. 이렇듯
독은 여기저기에 스며들어 있다. 지난 20여 년간 지속되어왔으며
오늘날 새로운 규모로 확대되고 있는 이 움직임의 비극은, 우리가
중요하게 여기는 방식과 가치가 유지될 가능성을 단계적으로 금지하고
말았다는 점이다. 데이터·인공지능 산업이 추동하는 논리에 대한
끊임없는 적응이 인간의 창의성 포기와 걸음을 함께하는 이유이다.
그러나 현실적으로 자동화가 전면화된 사회에서 인간 능력이 퇴락하는
현상은 그 어떤 규제도 막을 도리가 없다.

이 논리에서는 현실에 순응하는 것 외에 다른 선택지가 없다.
그러므로 우리가 소중히 여기는 신성불가침한 원칙을 존중하는
공동의 조직 방식을 마련해야 한다. 곧, 신체적·지적 능력 발휘의
최선, 사람들 간의 공정한 관계 형성, 생태계 존중을 기리는 원칙이다.
메타버스와 생성형 인공지능의 발전으로 인해 탈육체화를 겪는 동시에
정신적 활기를 상실하는 과정은, 이윤만을 추구하고 인간상을 타성적
요소로 간주하는 기술·경제적 합리성이 긴 역사적 과정에서 내놓은
논리적 결과이다. 이 결정적인 순간 우리가 주의를 기울이지 않는다면
스스로를 소외시키는 인류가 출현할 것이다. 그렇기에 우리는 이를
전혀 새로운 문명 계획, 요컨대 반문명 계획을 구체화하는 역사적
계기로 간주해야 한다. 감각적인 것의 힘, 우리 각자가 가진 천부적
소질, 형제애의 실천을 기리는 문명 말이다. 바로 이것이 우리가
지체없이 착수해야 할 유일한 충돌, 즉 문화와 문명을 두고 벌이는
대립이다.

3. 사기적 담론들

'윤리적' 눈속임

인공지능 엔지니어의 남다른 특징은 대중의 마음에 점점 더 많은 의문을 불러일으키는 시스템을 개발한다는 점이다. 이로 인해 이들은 때때로 난처한 입장에 놓이고 죄책감까지 느낀다. 그래서 아무렇지 않은 척하기 위해 오래전부터 동의를 생산하려는 목적의 교묘한 캠페인이 계속되었고 이는 일석이조의 효과를 거두었다. 이 과정에서 대중을 안심시키기 위해 기적의 묘약 또는 눈속임처럼 보이는 개념이 끊임없이 사용되었는데, 그것은 바로 **윤리**이다. 최근 몇 년간 부지기수로 보인 현상이라 하면, 기업에서 컬로퀴엄을 주최하고 여기에 참가한 회원들이 죄다 한목소리로 똑같은 염불을 외는 책을 내는 것이었다. 그 내용인즉슨, 테크놀로지가 지속적으로 발전해 우리 모두 혜택을 누리겠지만 이로부터 파생되는 변동에 대비해야 하고 여기에는 한 치의 의심도 필요없다는 것이다. 하지만 이는 이해당사자인 그들에게 유리한 담론을 끊임없이 되풀이하는 일에 불과하다.

이러한 태도는 미친듯이 질주하는 인공지능의 발전에 레드 카펫을 깔아줄 뿐이다. 모호한 규제와 법으로 만든 방화벽은 상대적으로 중요성이 떨어지는 일부 활용 사례에 국한될 뿐이며, 앞으로 올 변화가 인류학과 문명에 미칠 영향력은 전혀 고려하지 못하기 때문이다. 다시 말해 인간사의 전면 자동화는 우리 능력을 추방할 뿐이다. 이러한 점에서 우리는 우리를 마취하는 신어newspeak✱ 사용을 고발할 뿐만 아니라, 나아가 진정한 쟁점들을 한 단계 끌어올려 검토해야 한다. 즉, 오늘날 엇나가버린 윤리에서 벗어나 더 상위의 차원으로 여겨질 **도덕**으로 이행하는 것이다. 윤리와 도덕의 차이는, 윤리는 올바르다고 가정한 행동 규범을 적용하는 수준이지만, 도덕은 근본 원칙을 무조건 준수한다는 것이다.

　현시대의 심각성은 우리가 목소리를, 자신의 고유한 목소리를 높이도록 촉구한다. 알베르 카뮈Albert Camus가《반항하는 인간l'Homme révolté》에서 쓴 표현을 빌리자면, 다음과 같이 말하자는 것이다. "언제까지 이러고 있을 수만은 없다 (…) 해도 해도 너무한다 (…) 넘어서면 안 되는 선이 있다."**82** 바로 이것이 우리 시대의 인본주의이다. 실리콘밸리의 구루Guru들과 수많은 엔지니어들이 양심적인 척하며 모호한 말을 떠들어대고, 이미 잘 버무린 샐러드에 소금을 살짝 뿌리듯 자신들이 만든 산물에 윤리적인 면을 첨가하고자 '인간을 중심에 두는' 말을 내세우는 행동은 인본주의가 아니다. 온전히 자유롭고 다원적인 사회의 필수 조건은 감각적·지적 풍요로움이 한껏 발휘될 때 가능하다. 이것이 우리 시대가 당면한 중대한 도덕적 과제이며, 우리는 행동으로 이에 대응해야 한다.

거대한 희극, 튜링상

　어떤 영예는 시간이 흐르고 시상식이 반복되면서 누구도 부정할 수 없는 아우라를 갖춘 나머지 최초의 동기는 잊힌다. 스웨덴 중앙은행이 경제학 분야에서 수여하는 상을 예로 들면, 자유주의의 정통성을 옹호하는 이 은행의 이데올로기적 편향성에 힘입어 이 상은 '노벨경제학상'으로 부적절하게 격상되었다. 또 다른 예는 '튜링상'이다. 앨런 튜링Alan Turing을 기려 해마다 '컴퓨터과학 분야에

---

*　조지 오웰George Orwell의 소설《1984》에서 묘사한 가공의 언어로, 당黨은 어휘를 단순화하고 삭제함으로써 사람들의 사고의 폭을 좁힌다.

지속적이고 중요한 업적'을 남긴 사람에게 수여된다. 튜링은 제2차
세계대전 당시 나치군 통신에 이용되던 기계 에니그마Enigma의 암호를
해독하는 데 결정적 역할을 했고, 그 덕에 연합군의 승리를 예상보다
2년이나 앞당긴 알고리즘 역사의 위인이다. 즉, 튜링상은 야만 행위
저지에 공을 세운 영웅에게 주어진 보상이다. 그러나 이 상이 제정된
1966년은 튜링이 사망한 지 한참 지난 후였고, 자신의 이름을 이렇게
사용하는 데 동의했으리라는 근거는 어디에도 없다. 더군다나 당시
컴퓨터과학 분야가 주로 효용주의적 행보를 걷고 있었다는 점을
고려하면 그야말로 완벽한 무장 강도 범행이다.

　　튜링상 수상자는 전문 위원회의 폐쇄적인 내부 논의를 거쳐
선정된다. 비교적 중립적인 형태의 심사위원단을 가진 노벨상과는
대조적이다. 세계적 데이터 기업인 구글은 2014년부터 튜링상의
상금으로 100만 달러를 수여한다. 이 집단을 지배하는 것은
비판적이거나 대립적인 입장을 사실상 모두 배제하는 세계관과
테크놀로지관이다. 예컨대 20세기 최고의 수학자 중 한 명인 알렉산더
그로텐디크Alexander Grothendieck는 과학기술이 바른 길을 벗어난다고
끊임없이 폭로했기 때문에, 만약 그가 컴퓨터과학 분야에서 결정적
업적을 남겼다고 하더라도 이토록 폐쇄성이 짙은 상은 결코 받지
못했을 것이며, 만에 하나 받을 기회가 왔어도 단호히 거부했을
것이다.[83] 사실 튜링상은 상당한 자금을 동원한 자기 정당화와 자축
사업에 불과하다. 그러나 오늘날 이러한 배경은 모두 가려져 있고
권위는 너무도 자명한지라 '컴퓨터과학계의 노벨상'이라는 완전히
틀린 주장이 나오는 것이다. 튜링상 수상자의 업적에 대한 비판은
신성모독으로 취급받는다.

　　인공지능이 인간을 무용화하고 이 사태의 주도자들은
터무니없는 사기극으로 보상받는 시대에 우리는 전혀 다른 상을

제정해야 한다. 모든 사회적 층위에서 근본적으로 다른 가치를 실현하기 위해 힘쓰는 이들을 기리는 상이다. 조지 오웰, 알베르 카뮈, 귄터 안더스처럼 감각과 정신의 무궁무진한 풍요로움을 기리는 상, 수많은 위험 가능성을 품은 편협한 과학주의에 맞섰던 인물들의 이름을 딴 상이어야 한다. 그리고 이 상을 통해 주로 그림자 속에서 활동해온 인물들이 주목받고 본보기가 되며 수많은 주도적 행위의 영감을 불어넣을 수 있을 것이다. 인간의 일을 끊임없이 자동화하는 흐름에 반대하는 모든 프로젝트가 기본으로 전제해야 하는 점은 다음과 같다. 편향적이지 않고 사적 체제에 흡수되지도 않으며 근본적이고 침해될 수 없는 가치들이 추동하는 대항적 표상이 등장하도록 하는 것이다.

'웃음거리가 된다고 죽지는 않는다'* – 제프리 힌턴의 경우

신경망의 '대부'로 불리는 제프리 힌턴Geoffrey Hinton은 1947년 영국에서 태어나 수십 년간 인공지능 연구에 헌신했다. 그는 2000년대에 구글에 영입되었고, 덕분에 무제한적으로 자원을 동원해 **머신러닝** 기법을 고도화함으로써 생성형 인공지능 출현에 상당한 공을 세웠다. 그런데 2023년 5월, 인생의 황혼기인 75세에 이른 힌턴은 하루아침에 죄책감에 휩싸였거나 아주 길고도 깊은 독단이라는 선잠에서 갑자기 깨어난 듯했다. 그는 〈뉴욕타임스The New York Times〉에 챗GPT와 미드저니의 경이로운 성능을 두고 그 흐름이 "너무 빠르고 너무 멀리 와버린 나머지 우려해야 할 때가 왔다"고 밝혔다. 또한 "인공지능의 위험에 대해 자유롭게 발언하고자"

---

*   프랑스 속담.

구글에서 사임하겠다고 발표했다(엄청난 용기이긴 하지만 그의 커리어는 이미 완성되었고 막대한 부를 거머쥐었으며 안락한 노후 생활도 보장되어 있다). 누구나 이를 농담이거나 갑작스러운 정신질환으로 생각했을 것이다.

힌턴은 "한편으로는 평생 일궈온 업적이 후회스럽다"고 고백하며 이제는 이 시스템을 철수시켜야 한다고 촉구했다. 많은 이들은 2018년 '튜링상' 수상자의 이 행동에 경의를 표했다. 얼마나 우스꽝스러운 이야기란 말인가? 경계해야 할 점은 그가 말하는 내용이 아니다. 오히려 자신의 커리어의 막바지에 갑자기 감정을 드러내기 시작했다는 점이다. 실험실에 틀어박혀 평생을 연구에 바친 사람이 그가 길러온 짐승이 탈출하는 모습을 목격한 것처럼 말이다. 이는 힌턴이 자신의 연구가 초래할 수 있는 결과에 대해 진지하게 고찰해 본 적이 없었음을 시사한다. 폐쇄적으로 일하면서 자신의 연구를 더 넓은 맥락에서 바라보지 못하는 인공지능 엔지니어 계급의 정신 상태를 보여주는 상력한 증거가 아니겠는가? 또한 벽이라는 틀에 갇혀 그 너머로는 고찰하지 못하는 이들에게 인공지능 시스템에 대한 자문을 구할 시기는 이미 지났다는 신호가 아니겠는가? 스페인의 철학자 호세 오르테가 이 가세트 José Ortega y Gasset는 "엔지니어이기만 해서는 엔지니어가 될 수 없다"고 말했다.**84** 이 상식적이고도 지혜로운 말을 튜링상 수상자가 스쳐가면서라도 듣지 못했다니 애석하다. 만약 그 말을 어느 시점에라도 들었다면 이미 집이 사방에서 불타고 날이 갈수록 인간상人間像도 타들어가는 지금에 와서야 갑자기 그리고 애타게 불이 났다고 외치지 않아도 되었을 텐데 말이다.

과도한 자신감의 신新몽매주의

메타(페이스북) 수석 인공지능 과학자 얀 르쿤Yann Le Cun은 신경망 고도화를 이끈 주역이자 '튜링상' 수상자이다. 그는 소위 완벽하게 맞춤화된 제품과 서비스를 끊임없이 제안하기 위해 우리의 행동을 더욱 깊숙이 파고들도록 설계된 시스템을 실리콘밸리 기업의 연구실에서 개발했다. 2023년 봄, '테크 업계'에서조차 생성형 인공지능의 정당성에 대한 의문이 제기되었다. 이 의견은 르쿤이 가진 개념적 기반을 흔들었거나 그가 누리는 지위와 보수를 위협하기 시작했을 것이다. 그러나 그는 이에 귀 기울이거나 약간의 지혜를 발휘하기보다는 자신의 주장을 극단적으로 밀고가는 방법이야말로 가장 슬기롭다고 생각했다. 르쿤은 〈르몽드Le Monde〉와의 인터뷰에서 "인공지능은 새로운 계몽주의Lumières 시대의 문을 열 것이다"라며(더 이상 글도 못 쓰는 청소년을 보고서도 과연 그 소리가 나올지 당장 묻고 싶다), "인공지능 연구에 제동을 걸려는 생각이야말로 신新 몽매주의obscurantisme에 가깝다"고 오만하기 짝이 없는 태도로 단정했다.[85]

이러한 발언을 듣고 있자면 지금 상황이 꿈인지 악몽인지, 순진한 무지인지 최악의 냉소인지 의문스럽다. 르쿤의 허튼소리는 어떤 비판적 뉘앙스의 반론도 없이 그대로 기록되었다. 큰 거짓말일수록 더 잘 속는다는 관용구가 떠오를 정도이다. 게다가 언론은 인공지능이라는 복잡한 시스템이 대체 어떤 영향을 미치는지 알고자, 마크 저커버그의 최측근인 그가 모든 문외한에게 진실을 전달하기에 가장 적합한 자인 양 꾸준히 인터뷰를 청한다. 이 얼마나 혼란스럽고 의식이 부족한 상황인가? 도덕은, 즉 의견의 다원성을 수호해야 한다는 명령은 우리의 패러다임이 변해야 한다고 촉구한다. 인공지능 시스템에 의해 살인적인 속도에 맞춰 일하며 온전함과 존엄성을 부정당하는 아마존의 물류 노동자와 같은 사람들도 신문의 '1면'과 기고란을 차지해야 한다고 말이다. 이것은 프랑켄슈타인 박사들이 만든 몽매주의에서 건전한 거리를 두는 첫걸음이 될 것이다.

그리고 우리는 지체없이, 단호하고 꾸준하게, 전혀 다른 빛lumières*이
세상을 지배하도록 나아갈 것이다.

인공지능을 둘러싼 의견 만능주의의 폐해

2022년 11월 챗GPT 공개로 전 세계적 지진이 일어난 후,
인공지능은 더 이상 은밀한 기술 영역에 머무르지 않게 되었다.
그토록 복잡한 기술·경제 부문이 하루아침에 공적 영역에 등장하자
사람들은 누구나 자신의 견해를 밝힐 수 있다고 생각했다. 텔레비전,
라디오, 기고란, '소셜 네트워크'에는 의견이 범람했다. 날씨에 대해
말하듯 이제는 생성형 인공지능에 대해서도 의견을 내놓는다. 이
쟁점을 분석하기 위해 기술적 구조, 발전 과정, 경제적 작동 원리,
이데올로기적 배경에 대한 정확한 지식은 더 이상 요구되지 않았다.
거대한 기계가 전속력으로 가동되는 와중에 대중의 의식을 깨워
사회적 동참이 필수적이고 시급하다는 것을 알려야 했다. 그러나
최선의 방법으로 찾아낸 것이라고는, 안도감을 주는 말만 틀에 찍은
듯 똑같이 되풀이하는 엔지니어들을 비롯해 직관에만 의존해 말하는
자들에게 발언권을 주는 것이었고 이로 인해 혼란은 더 가중된다.
인공지능 분야의 전문성이 혼돈을 맞이한 시대를 살고 있는
것이다.

그러므로 이제는 막연한 주관적 느낌이 아니라 현실의 일상에서
직접 몸으로 겪은 경험으로부터 증언하는 반反전문성을 발전시킬
때이다. 경영, 학교, 병원, 사법 등의 영역에서 인공지능 시스템 활용이
신체와 정신에 어떤 영향을 미치는지 산 경험을 통해 우리는 현상들을

---

* 프랑스어로 계몽주의를 Lumières라고 하는데, 일반명사로 lumière는 빛을 뜻한다.
무지라는 어둠에 이성이라는 빛을 비추어 밝힌다는 의미이다.

전혀 새로운 방식으로 이해할 수 있을 것이다. 조지 오웰은 '언어를 정화'하려는 노력이 필요하다고 강조한 바 있다.**86 편향적이거나 부적절한 담론은 다원성의 표현, 즉 정치적 표현을 무력화한다는 사실을《1984》의 저자는 이미 잘 이해하고 있었다.

물음표는 혼란의 친구

2010년대 중반 무렵 언론과 미디어는 '인공지능, 두려움의 대상인가?', '기계는 인간을 뛰어넘을 것인가?', '인공지능의 위험과 약속', '인공지능, 인류의 기회인가?', '인공지능, 해방인가 소외인가?' 등 선정적인 제목을 남발했고, 파블로프의 조건반사에 따르듯 거의 매번 열광과 공포를 섞었다. 제목에 통상적으로 따라다니는 물음표는 마치 뚜렷한 입장을 나타낼 수 없다는 뜻처럼 보였다. 이처럼 유보적인 입장은 데미우르고스적 테크놀로지의 작동 원리를 자세히 들여다보고 심층적으로 탐사하기를 포기한다는 것과 같다. 한 걸음만 옆으로 비켜서 보면, 자본주의의 긴 역사 속에서 형성된 과정이 오늘날 사적 이익과 철저한 효용주의적 세계관을 위해 우리 삶의 틀을 규정하고 인간의 능력을 빼앗는다는 사실이 쉽게 이해되지 않는가? 언론의 신뢰가 위기를 맞고 있는 이 시점에, 정확한 진단을 내리고 어느 프랑스 잡지처럼 "기술자유주의의 트로이 목마, 인공지능Intelligence artificielle: le cheval de Troie du technolibéralisme"이라고 제목을 다는 일이 그리도 어려운가?87 이렇게 하는 것이야말로 현실을 드러내는

** 오웰은 현대 영어의 나쁜 습관(과장된 어휘, 의미 없는 단어 등)으로 인해 언어가 현실을 드러낸다기보다는 책임을 회피하고 권력을 정당화하는 도구로 전락한다고 지적하며, 이 습관을 바로잡아야 명확한 사고를 회복하고 정치를 개혁할 수 있다고 주장했다.

18세기적 의미의 공개성publicité*일 것이다. '찬성 또는 반대'를
내세우며 한도 끝도 없이 헛된 논쟁을 벌이게 하고 혼란이 유지되도록
조장하는 것과는 정반대이다. 찬반 논쟁의 장점으로 소위 균형 잡힌
시각을 가질 수 있다는 점이 꼽히지만, 그 선의를 한 꺼풀만 벗겨보면
위험하기 짝이 없는 상대주의가 결국 득세하고 만다는 최악의 단점이
도사리고 있다.

하라리즘Hararisme**과 맹목적 추종

　　원래는 중세사 연구자가 '인류의 역사를 간단히' 몇백 쪽 안으로
서술한 책이었다. 즉 일반적인, 심지어 매우 일반적인 수준에서 전개된
이 기획은 인공지능과 관련한 미래를 막연히 전망하며 끝맺었다.
저자가 중세사를 전공했다는 점을 고려하면 그는 여러 현상에 대한
심층적 지식을 제시한 것이 아니라 그저 몇 가지 생각을 책 말미에
던져본 것뿐이다. 수준 높은 요약서에 가까운 이 책은 세계적인 성공을
거두었고, 그 성공에 사람들은 저자를 칭송했다.

　　그때부터 명료함과 오웰이 촉구한 언어 정화를 구실로 꽤나
은밀한 과정이 진행되었다. 그러나 이제는 실체를 밝혀야 할 때이다.
이 책은 인공지능이 사회 이슈로 떠오르던 당시 베스트셀러가
되었기에 마지막 몇 페이지에 그의 전문성이 드러난 것처럼 보였고,
이에 사람들은 꾸준히 저자에게 질문했다. 출판 시장에서 거둔 성공을
검증된 지식과 혼동한 것은 크나큰 착각이었다. 그 결과 모호한

---

*　　철학자 위르겐 하버마스Jürgen Habermas는 17~18세기 서유럽 부르주아들이 여론이
　　형성되는 공적 공간(공론장)에서 공개성의 원칙에 따라 자유롭고 평등한 토론을
　　나눴고, 이것이 비판적 합리성과 근대 민주주의와 밀접한 연관이 있다고 밝혔다.
**　《사피엔스》의 저자 유발 하라리Yuval Noah Harari의 학설.

일반론은 전 세계에 바이러스처럼 퍼졌고, 저자는 자신의 뜻과는 무관하게 또는 스스로도 놀랄 만큼 한순간에 디지털 테크놀로지 전문가로 격상되었다.

　　그러나 유발 하라리는 정정당당하게 대응하기는커녕 정반대로 행동했다. '기계는 필연적으로 우월해질 수밖에 없다', '인류의 종말이 머지않았다' 따위의 상투적 발언을 반복할 뿐, 근거와 논거를 갖춘 분석은 한 번도 제시하지 않았다. 이는 우리 시대의 징후이다. 안이하고 게으른 태도로 인해 명성과 학문이 뒤섞인 결과, 눈에 띄지 않게 활동하지만 대중의 각성을 이끌기에 더 적합한 인물들은 종종 가려진다. 이토록 중대한 시기에 그 어느 때보다도 필요한 것은 이해의 열쇠인데 말이다.

　　미셸 푸코는 '특수 지식인intellectuel[s] spécifique[s]'에 대해 말한 바 있다.**88** 특수 지식인이란 인내심을 가지고 시간을 들여 한 분야를 심층적으로 연구하고 사유를 발전시키며 연구 성과를 꾸준히 출판하는 이들로, 모호하거나 성급한 말을 남발하여 사실상 사유를 모독하는 일과는 거리가 멀다. 오늘날 우리에게 필요한 것은 엄밀함, 그것도 최고의 엄밀함이다. 이 엄밀함을 통해서만 타락한 스펙터클***의 사회를 한없이 유지시키고 우리의 시야를 흐리게 만들며 행동하는 힘을 무력화하는 뿌연 안개를 걷어낼 수 있다. 앙드레 지드André Gide는 "세상을 구원하는 것은 몇몇 사람들"이라고 말했다. 세상의 구원이 가능하다면, 그 가장 큰 동력은 엄밀함을 추구하는 개인과

*** 기 드보르Guy Debord는 1967년《스펙타클의 사회La Société du Spectacle》를 통해 서구에서는 20세기 중반부터 매스미디어로 인해 직접적인 경험보다 이미지가 중요해졌으며, 이에 사람들이 능동적인 주체에서 수동적인 이미지 소비자로 전락했다고 지적한다.

집단의 노력일 것이다. 이 노력만으로도 우리는 복잡한 현실을 직시할 수 있고 사태를 온전히 파악하며 복잡한 현실에 대응하는 책임을 다할 수 있다.

편향의 폭로 혹은 비판의 영도*

몇 년 전부터 사람들이 디지털 테크놀로지와 인공지능에 대해 경각심을 보일 때마다, 수많은 우려 가운데에서도 **편향성**이 가장 많이 거론되는 듯하다는 점을 지적해야겠다. 조금만 잘못 행동해도 지탄받는 시대에, 인공지능 시스템이 편견을 지속시키고 차별을 조장할 수 있다는 사실을 알고 있는가? 이것이야말로 극악의 죄이다. 우리가 현실에서 직면한 최악의 문제는 비판을 가장한 순응주의이다. 이같은 악덕을 근절하고자 노력한다면 핵심적인 문제는 해결된다고 전제하는 것이다. 그러나 사실 나무만 보고 숲은 보지 못하는 형국이다. 협소하고 단기적인 시각에서는 그것이 가장 중요한 가치를 지키는 일 같지만, 실상은 부차적인 문제를 최우선적 문제로 격상시키고, **결국** 인공지능 사용을 인정하는 꼴이기 때문이다. 어떤 경우에도 인공지능의 편향성을 교정하는 것이 쟁점이 되어서는 안 된다. 그 대신 철저한 경각심을 품고 이 순응주의에 단호히 반대하여 인간상 자체가 편향되지 않도록 해야 한다. 즉, 인간을 결함 있는 대상 또는 단점투성이로 취급하고, 이를 보완하려면 인공물이 필요하며

---

*   철학자 롤랑 바르트Roland Barthes의《글쓰기의 영도Le degré zéro de l'écriture》를 차용한 제목이다. 바르트는 어떤 이데올로기에도 종속되지 않은 중립적 문제를 온도계의 0도, 즉 영도zero degree에 비유한다. 그러나 이러한 영도의 글쓰기마저 시간이 흐르면 사회의 새로운 시대적 양식으로 관습화되므로 결국 불가능해진다. 이런 관점에서 인공지능의 편향성 제거를 영도의 글쓰기로 본다면, 결국 완벽한 편향성의 제거는 구조적으로 불가능하다.

결국 인공물에 인간의 속성을 모두 일임해야 한다는 그 편향된 믿음에 저항해야 하는 것이다. 사드Sade 후작은 다음과 같이 외쳤다. "프랑스 사람들이여, 공화주의자가 되려면 좀 더 노력을."** 그의 말을 빌려 직설적으로 선언하지 않을 수가 없다. "편향성을 척결하려는 자들이여, 이 시급한 문제에 진정으로 대응하려면 좀 더 노력을."

해체되는 공통 기준

패닉 상태이다. 이제 텍스트, 이미지, 목소리, 음악의 성격과 출처는 불분명해질 것이다. 인공지능이 생성한 콘텐츠의 출처를 있는 그대로 분명히 표시해야 한다고 정치인들은 한목소리로 외치고, 일부 전문가들은 마지못해 이를 따른다. 예를 들어 그들은 암호화된 비가시성 워터마크를 사용하면 된다고 주장한다. 하지만 생성형 테크놀로지는 오픈소스로도 개발되기 때문에 이 기술이 표준적으로 적용될 수 있을지는 매우 불확실하다. 이러한 임시방편에 어떤 효력이 있으리라 기대하는 것은, 판도라의 상자가 진즉 열려 있었다는 사실을 눈멀어 보지 못하는 것과 같다. 아무리 워터마크와 같은 표시를

** 사드가 프랑스 대혁명 당시 공화주의를 옹호하며 극단적인 논리를 펼친 글이 〈프랑스 사람들이여, 공화주의자가 되려면 좀 더 노력을〉이다. 이 글에 따르면 전제주의는 국민을 통제하기 위한 도구로 도덕을 내세우고 권력기관을 이용해 악덕을 저지른 자를 심판한다. 반면 공화주의는 덕과 악덕 모두에 기초하며, 악덕도 자연의 소산이므로 필연적인 것, 교정할 수 없는 것으로 본다. 즉 공화주의자라면 악덕이라고 해도 인간의 본성이니 심판하거나 교정하려고 들지 않아야 한다는 것이다. 《밀실에서나 하는 철학La Philosophie dans le boudoir》(민음사, 2011년)을 참조하라. 본문을 보면 인간의 악덕처럼 문제시되는 대상이 인간의 결함이다. 저자는 인공지능의 편향성이 아니라 인간을 결함을 가진 존재로 보는 편향성이 원론적인 문제이므로, 인공지능의 편향성을 제거하자고 주장하기 전에 인간을 보는 시각부터 근본적으로 바꾸라고 촉구하고 있다.

표준화한다 해도, 언어와 이미지를 재현하는 전례 없는 시스템은
확립되고 있다. 본질적으로 그 시스템은 공통 기준을 해체하고 온갖
종류의 기상천외한 생각이 날뛰게 놔두며 불신이 일반화되도록
유도한다. 다시 한번 말해두지만 불가피한 상황이라는 통념을 가지고
경제적 쟁점만을 고려해 이 변화에 한없이 적응하려는 태도는,
인공지능의 표준화에 가담해 우리를 식물인간으로 만들고 사회의
정신질환적 현상이 심화되도록 판을 깔아주는 것과 다름이 없다.

규제: 자기 눈을 찌르는 대단한 기술

오만한 자들이 끝없이 활개친다. 그러나 그들은 자본주의의
지평을 구현하는 예언가로 여겨지기에, 힘의 균형을 이룰 수 있는
최선의 대응책이 등장한다. 바로 규제이다. 2010년대에는 규제가
전무했고 당시 정치인 대다수가 도취된 상태였기에 수많은 남용이
생겨나고는 했다. 그러나 오늘날 상황은 달라졌고 입법부는 훨씬
더 주의 깊은 태도를 보인다. 대표적 인물은 티에리 브르통Thierry
Breton이다. 그는 슈퍼컴퓨터 전문 기업 아토스Atos에서 최고경영자를
지냈으며 2009년부터 2019년까지 막대한 자금을 투입해 양자컴퓨터
개발을 지원함으로써 종전과는 차원이 다른 규모로 인간사의
전면 자동화에 박차를 가했다. 그런데 유럽연합 내수 시장 담당
집행위원으로 임명된 후에는 시대가 바뀌었다면서 문제의 심각성에
상응하는 법적 규제가 도입되어야 한다고 줄곧 강조하고 있다.
갑작스러운 현시대의 십자군 원정에 나선 그는 거대 디지털 기업의
절대 권력에 맞설 강력한 규정을 마련하고자 마치 고위 기술 관료층을
감독하는 보안관처럼 힘을 쏟는다.

그런데 유럽연합이 인공지능법AI Act 입법 과정에서 여러 '위험
수준'을 식별하는 작업이 전부였던 것처럼 여기에서도 결국 본질적인

것을 부차적인 것과 혼동하고 말았다. 가장 높은 위협으로 추정되는 기능으로는 얼굴 인식, 정보 조작 가능성, 편향, 개인정보 수집 등이 포함되지만, 정작 문제의 핵심은 결코 언급되지 않는다. 그것은 바로 **삶을 전면적으로 상품화하고, 사회를 알고리즘으로 조직하고 정화하며, 인간이 가진 근본 능력을 계획적으로 포기하는 것이다.** 사실 이러한 측면들은 은연중에 옹호되는데, 이 법의 정신이 인공지능 산업과 소비자 간의 신뢰 구축을 목표로 하기 때문이다. 그 결과 겉보기에는 강경한 법적 틀 안에 있지만 사실은 지엽적인 조치들이 '테크 업계'에 레드 카펫을 깔아주는 역할만 할 뿐이다. 법과 도덕의 영역이 서로 다르다는 점은 잘 알려져 있다. 그러나 이 사안에서 유일한 진실은 최상위에 있는 도덕이 법을 규정해야 하며 경제적 목적밖에 없는 입법 조치가 도덕적인 모습으로 보여서는 안 된다는 것이다. 몇몇 서부영화를 보면 보안관이 등장해 사악한 무법자들에게 엄중한 경고를 내리지만 그들은 포복절도할 뿐이다. 왜냐하면 무법자들은 이미 모두가 환상적이라고 여기는 질주에 뛰어든 지 오래이며 **결국** 멈출 수 없기 때문이다.

악랄한 위원회

이 세계는 그 자체로 현시대를 구현하는 듯하다. 이 세계는 그 어떤 것보다도 지속적으로 독창성과 혁신을 활용하고 오직 거대한 야심으로 움직이며 무한한 이윤의 지평을 그릴 수 있다. 그러므로 이 세계에 대한 저항은 무의미하고 역사의 흐름에 역행하며 우리는 모든 것을 잃을 것이다. 그럼에도 경계심을 보일 필요는 있다. 그 경계심을 표현하는 여러 방식 중, 일단 참여 민주주의의 모습을 띠고 있어 정당성을 의심할 수 없는 하나가 설립되었으니 바로 **성찰 위원회와 '윤리' 위원회**이다. 위원회 구성은 매번 동일한 패턴을 따른다고 해도 과언이 아니다. 대다수는 산업 종사자와 엔지니어이며, 들러리로 철학자나 사회학자 등 인문학 전공자를 한 명 끼워넣고, 때로는 시민사회 인사도 한두 명 포함시킨다. 이렇게 완벽한 눈속임이 탄생한다. 결국 우리를 지배하는 것은 거대한 경제적 초자아뿐일 테니 말이다.

전 세계에 수많은 사례가 있지만 여기서는 프랑스의 국가디지털위원회Conseil national du numérique나 국가디지털윤리자문위원회Comité consultatif national d'éthique du numérique를 예로 들어보자. 위원들은 신중한 태도를 보이려 애쓰고 작업을 본격적으로 시작하며 회의를 소집하고 내부 인맥을 초대해 발언대에 세우며 주로 정치권에 전달할 보고서를 발표하고 대대적인 기자회견을 연 뒤에 마무리 짓는다. 일반적으로 이러한 보고서에는 해당 부문 발전을 촉진하기 위한 권고사항과 몇 가지 안전장치도 으레 제안된다. 늘 똑같은 레퍼토리가 반복된다. 즉, 디지털 '혁신'과 인공지능 발전을 장려해야 한다고 촉구하는 것이다. 엄격히 감시하는 척하면서 말이다. 그러니 더 이상 시간 끌 필요 없이, 이와는 전혀 다른 위원회들을 설립해야 한다.

여기에는 모든 이해 관계자들, 특히 강행된 제도 변화로 인한 여파에 직접적 영향을 받는 집단과 개인이 포함되어야 한다. 사태가 지닌 극도의 심각성을 고려하면 지금은 기존에 설립된 위원회들의 권고를 따를 때가 전혀 아니다. 오히려 감춰진 이면을 들춰냄으로써 건강한 사회적 움직임을 유도해야 한다. 즉, 의도적일 뿐만 아니라 무의식적으로도 편향된 법안을 만드는 입법자들에게는 큰 기대를 걸 수 없으니, 현실 경험을 기반으로 세워진 양보할 수 없는 원칙들이 힘을 발휘하게 해야 한다.

다르게 말하면, 이는 추상적이고 건조한 법률보다는 판례를 우선시하는 도덕적 의무에 해당한다. 판례는 그동안 레이더망 밖에 있었던 여러 우려 사항을 인식하는 데에서 출발하며, 사회가 그 우려 사항을 경청하고 고려해야 할 가치가 있다고 인정하는 과정에서 생겨난다. 20세기 초, 정치철학자이자 실용주의를 대표하는 존 듀이John Dewey는 모든 구성원이 공개 토론뿐만 아니라 사회의 흐름에도 참여함으로써 '비판적 사회'를 만드는 데 힘쓸 것을 촉구했다.**89** 계속해서 일방적으로 관철되는 흐름이 돌이킬 수 없는 영향을 끼치는 현재, 듀이의 명제를 다시금 상기하며 다원성, 모순, 근본 가치가 완전히 그리고 무조건 사회에 수용될 수 있도록 노력해야 한다.

북 치고 장구 치는 당신들에게

2023년 5월, 테크 업계 유명 인사들이 발표한 성명은 종말론적 어조를 띠었다. 그들은 '인공지능이 팬데믹이나 핵전쟁만큼이나 위험할 수 있고', '인류를 멸종시킬 위험'을 드리운다고 선언했다. 수백 명의 서명자 명단에는 오픈AI 최고경영자 샘 올트먼, 구글 딥마인드Google DeepMind 최고경영자 데미스 허사비스Demis Hassabis, 마이크로소프트 최고과학책임자 에릭 호비츠Eric Horvitz, 빌 게이츠, 제프리 힌턴 등이 올랐다. 모두 디지털 테크놀로지와 인공지능 발전에 미친듯이 점점 더 박차를 가하는 핵심 인물들이다. 그들에게 이토록 일관성과 진지함이 부족하다니 정말이지 어안이 벙벙해진다. 해를 거듭할수록 무책임한 광신도에 더욱 가까워지는 이 '예언자' 집단에 대놓고 말하고 싶다. 해괴망측한 태도를 보이고 선정적 담론을 남용하며 2000년대부터 인공 낙원의 도래가 가까워졌다고 약속할 때는 언제고, 이제 와서 불이 났다는 등 인류의 종말이 예정되었다는 등 북 치고 장구 치는 일은 그만둬야 한다고 말이다. 애초에 당신들이 추진한 모든 변화가 그리 걱정이라면, 한편으로는 청원과 기고글로

희비극을 연출하면서 다른 한편으로는 인공지능 개발을 추진해서는 안
된다. 최소한의 일관성을 지킨다면 어떻게든 이 서커스를 멈춰야 한다.
인공지능은 당신들의 기업과 연구소라는 닫힌 공간에 그치지 않고
수십억 명의 서커스 관람객에게 점점 더 해로운 영향을 미칠 테니
말이다. 서커스를 멈출 때야말로 커다란 공익이 실현된다. 당신들이
20여 년간 '세상을 더 나은 곳으로 만든다'고 외워온 만트라가 명백한
현실이 되는 것이다.

**참된 삶에 언어라는 옷을 입히는 순간, 언어는 경악스러울 만큼
쉽게 위조자가 된다.[90]**

챗GPT의 GPT는 '생성형 사전 학습 변환기Generative
Pretrained Transformer'를 뜻하며, '인공지능'이라는 용어와 마찬가지로
의인화된 범주에 속한다. 그래서 우리는 은연중에 이 테크놀로지의
속성이 인간과 유사하며 당연히 점차 더 많은 행위를 대리하리라
생각한다. 우리의 표상을 만들고 현재 일어나는 현상들을 당연한
일상처럼 여기게 하는 이 장치를, 공식적인 기술 명칭이 아니라 다른
방식으로 명명할 때가 되었다. 날것의 진실 속에서 우리를 구성하는
인간다움의 기준에 맞는 이름으로 말이다. 우리가 직면한 시스템은
훨씬 더 정확하고 직설적으로 말하자면, **문화적·문명적 혐오**Abjection
Culturelle et Civilisationnelle로 규정되어야 한다. 따라서 챗GPT가 아니라
ChatACC로 불러야 하는 것이다. 언어 정화란 이처럼 편향되지
않고 사태를 이해할 수 있는 공통 조건을 마련하고, 그 결과 새로운
상상력과 세계관이 자유롭게 표현되며 구체화되는 가능성을 여는
것이다. 이것이 우리의 지향점이다.

IV. 탈주체화 과정

지평(들). 진실의 시간

위대한 폭로의 시간이 도래했다. 산업혁명에서 오늘날에 이르기까지 하나의 목표를 실현하기 위해 쉬지 않고 달려온 도구적 합리성과 그 역사의 본질을 백일하에 밝히는 시간이다. 도구적 합리성의 목적은 바로 **다양한 목적하에 인간과 사물을 소위 적시 적소에 배치**하는 것이었다. 이 에토스의 기본 전제는 다음과 같다. 인간이란 무질서를 만들어내고 유감스럽게도 올바른 길에서 계속 멀어지는 경향이 있으며 헛되이 자신을 소모하는 존재이다. 따라서 인간의 행위 영역에 틀을 설정하고 인간의 행동이 질서와 부의 창출이라는 명령에 일치하도록 유도해야 한다. 우리의 조건에는 근본적으로 결함이 있으니 적절한 규범과 기술을 만들어 나태함과 혼돈을 피하고 최적의 공동체·경제 조직 수립을 촉진하겠다는 것이다. 미셸 푸코가 분석한 19세기의 신체 교정 및 교화 전략에 따르면, '생명 정치'의 목적은 개인이 사회구조에 능동적으로 참여하게 하려는 것이었다. 하지만 20세기에 이르러 이는 더 이상 건강하고 튼튼하며 유순한 인간상을 정립하는 것이 아니라, **행동을 자동적으로 유도**하는 과정의 초기 징후가 되었다.

이 관점에서 우리는 20세기 근대 후반부터 끊임없이 확대된 산업·상업 자본주의의 정신과 자유주의적 개인주의의 정신을 이해할 수 있다. 시간이 흐르면서 인간의 행동을 유도하기 위한 갖가지 방법들은 꾸준히 확장되고 정교화되었다. 예를 들면 법과 규칙을 제정하고 도시를 비롯한 모든 지리적 공간에서 신체와 재화를 합리적으로 정비하며 경영 기법뿐만 아니라 광고·마케팅을 통해 욕구를 자극하는 방법 등이었다. 제2차 세계대전 후에는 정보사회가 심화하면서 기하급수적으로 많은 행위가 전산 시스템에 연동되었다. 이 시스템은 공적 사안을 처리하는 과정에서 인간의 개입 비중을 감소시켰으며, 사회 흐름을 엄격히 질서화하고 자본을 급성장시키려는 야심에 새로운 추진력을 불러왔다. 그러나 수단이 아무리 정교해졌어도 무수한 행동과 움직임은 이 거대한 규범 장치에서 벗어났다. 왜냐하면 이를 통제하려는 야심에도 불구하고 현실의 흐름은 어떤 방식으로든 우리가 만든 법칙에서 벗어나기 때문이다. 인간은 제3자의 명령에 지속적으로 복종할 수 없는 고집 센 존재 아닌가.

그러나 제3천년기를 앞두고 등장한 새로운 테크놀로지·경제 복합체는 인간의 근본적 결함을 끝없이 메우려는 의지에 또 다른 차원을 열었다. 현실의 여러 영역이 데이터로 환원되고 인터넷이 보편화되면서, 우리의 행동을 해석하고 이를 다시 반영해 행동의 흐름을 유도할 수 있게 된 것이다. 이는 **신호 발송**이라는 전례 없는 새로운 방식 덕분이었는데, 예전처럼 강제적으로 질서를 부과하지 않는 대신, 당연하다는 듯 개인이나 집단의 행위를 유도하며 시간 절약, 효율 향상 등 수많은 이점이 있어 보이게 한다. 사회생활이든 일상에서든 삶에 알고리즘이 동반되는 체제가 대두되면서 우리는 알아차리지 못한 채 이에 의해 끊임없이 재조정되었다. 그런 점에서 이 테크놀로지를 '우리 자신의 우월함'이라고 부를 수 있을 정도이다. 2010년 무렵 인공지능이 급격히 발전하면서 이 전문성과 추천 성능은 강화되었고 소위 인간을 구성하는 원리인 타성과 불완전함을 피해, 인간과 재화를 가장 잘 지속적으로 배치할 수 있다는 야심을 완전히 구현했다.

바로 이러한 이유에서 기적처럼 보이는 '디지털 혁신'은 대다수의 의원, 국가 및 국제기구 책임자, 대학, 수없이 많은 싱크탱크의 지지를 받았다. 이 디지털 혁신은 잘 보이지는 않지만 결국 인간의 행위를 전면적으로 배제하는 방향으로 작용한다. 애초에 인간의 잘못된 행위를 교정하거나, 인간이 올바른 행동을 생성하는 장치에 무한정 종속되도록 설계된 것이다. 이렇게 자유주의와 실증주의 철학에서 탄생한 세계 그리고 거대 데이터 기업 및 스타트업 간에 공모가 이루어졌고 그 원동력은 오늘날 더 잘 드러난다. 이 기업들은 종종 막대한 공적자금을 등에 업고, 완전히 자유롭게 온 힘을 다해 삶의 여러 부문에서 우리가 선택해야 할 옳은 길을 알려주거나 공통된 사무를 점점 더 많이 처리할 수 있는 시스템을 개발했다.

디지털 산업이 점점 더 빠른 속도로 최고의 세계를 구현하는 테크놀로지를 개발하는 조건은 이미 마련되어 있었다. 그리고 이 철학에 부응하지 못하는 직업과 용도는 모두 쓸어가버리려는 영구적인 폭풍이 불었다. 2010년대 중반, 매혹과 공포가 뒤섞인 '파괴적 혁신disruption'이라는 용어가 나타나서는 이 즐겁고도 파괴적인 불꽃놀이를 지칭하기 위해 종종 사용되었다. 그러나 이는 정확히 말하면 '각기 다른 삶의 방식과 공통의 조직 방식을 영위할 권리를 급격히 박탈하는 것'이었다. 시간이 흐르면서 상황이 심각해지자 시민사회에서는 두려움과 반대가 나타났다. 정치인들도 더 신중한 태도를 보이기 시작했지만 결국 그들도 실리콘밸리의 입김은 역사의 흐름이므로 가로막혀서는 안 된다고, 설령 제약을 두더라도 개별 사안에 한해 제한된 수준에서만 가능하다고 판단했다. 마침내 1960년대 샌프란시스코의 헤이트 애시베리Haight-Ashbury를 지배하던 반문화적이고 자유지상주의적인 정신은 이후 10여 년간 실리콘밸리의 주요 인물들에 의해 여전히 같은 자리에서 그러나 다른 형태로 이어졌다. 그들은 어떠한 한계도 거부하는 것을 좌우명으로 삼았고 그 덕분에 세계적으로 눈부신 성공을 거뒀으며 이는 롤모델로 삼을 기업가 정신에 대한 인식에 깊은 영향을 미쳤다. 당시 사회를 지배한 금지는, **금지를 금지하는 것**이었다.

오늘날 영원한 백지위임장을 받은 기술자유주의는 그 어떤 제약도 없이 자신의 원칙을 급진화하는 지점에 이르렀다. 생성형 인공지능의 등장은, 인공물이 인간의 결함을 떠맡아야 한다는 전제가 **마지막 한계선**에 다다랐다는 점에서 우리가 새로운 국면에 돌입했다는 사실을 보여준다. 전산 과정을 통해 언어와 표상을 생성하고 우리를 구성하는 가장 구체적인 것조차 시스템이 대신한다. 이런 점에서 우리는 이 철학이 완전히 완성되는 시점, 즉 인류학과 문명 차원에서 전례 없는 사건이 벌어지는 시점에 직면했다고 할 수 있다. 앞으로 **전용** 장치가 처리하는 모든 것은 데이터의 형태로 수집되고 인간의 인지적 과업을 모두 남낭하게 되며 그 양은 기하급수적으로 무한히 증가할 것이다. 이 새로운 인공지능 분과가 지금까지는 없었던 인간의 속성을 획득하면서 수많은 직업이 폐기처분당할지는 더 이상 중요하지 않다. 훨씬 더 정확히 말하면 관건은 우리의 지성과 창조성이 모두 프로세서에 의존하거나 한 걸음 더 나아가 시스템이 이를 직접 수행하고야 말 것이라는 사실이다.

안타깝게도, 사태가 심각해지고 난 후에야 우리는 오류 가능성과 결함뿐 아니라 감수성, 창의성, 천부적 소질처럼 인간을 구성하는 고유한 기반이 추방당하며, 대신 전산의 합리성이 삶과 세계의 방향을 관리하는 상황을 목도할 것이다. 아주 가까운 미래에 우리는 사람들이 밤낮으로 픽셀로 만들어진 풍경에 몰입하고, 자신의 변덕스러움이 지배하는 세계에서 프롬프트만을 작성하며, 집단적 고립 상태에 처하고, 점점 더 전지전능해지는 기계와 융합하는 관계를 맺을 것이다. 각자가 고유한 풍요로움을 지니며 역사를 뛰어넘는 공동체로서의 '인류'는 본질을 잃고 심지어 스스로에게서 멀어진다. 인류는 시대를 거치며 주변 환경을 변화시키고 사상·과학·문화·예술을 생산하면서 온갖 행복하고 불행한 변화를 겪었다. 그러나 이 모든 것에도 불구하고 어떤 것들은 불가침한 것으로 남아 있었다. 즉, 다양한 수준에서 발산하는 창의적 재능, 자유를 향한 자연스러운 끌림(자유가 어디에 숨어 있는지는 모르지만), 현실과의 감각적 관계, 타인과 맺는 육체적 관계 등의 차원은 인생의 의미이자 생명력이다.

　　이 황량함이 다가오는 상황에서 어떻게 수수방관할 수 있는가? 우리 자신을 부정하며 비롯된 움직임이 어떻게 역사의 자연스러운 질서에 속한다고, 단지 몇 가지 제한만 두면 모두가 수많은 이점을 누릴 수 있다고 생각할 수 있는가? 저지할 수 없는 파도가 몰려오는데 이를 멈추려 하지 않거나 이 파도가 우리를 모욕한다는 사실을 소리 높여 외치지 않는 일은 생각할 수조차 없다. 또 다른 파도, 즉 여기에 대항하는 파도를 일으키지 않는 것은 생각할 수조차 없다. 생명력의 근본 원천과 미래 세대의 생명력을 결코 버리지 않겠다는, 모든 의식 있는 사람들이 만들어내는 파도 말이다. 다가올 인류가 식물인간화되고 탈육화된 상태에 놓이는 것을 원하지 않는다면, 방심하여 우리 아이들과 손주들의 뇌에 칩이 이식되어 프로세서와 외부의 힘에 지속적으로 유도되는 상황을 피하고자 한다면, 우리 자신을 부정하는 과정을 그 어떤 양보도 없이 단호하게 저지해야 한다. 기회만 되면 인공지능, 대규모 언어 모델(LLM), 몰입형 경제의 '열차를 놓치면 안 된다'고 외치는 정치인들에게 외쳐야 한다. 정신질환을 동력으로 움직이는 산업에 공적 자금을 투자하는 행위는 중단하라고, 근본적으로 반인본주의가 움직이는 산업에 엉터리 법률을 제정하면서 레드 카펫을 깔아주기만 할 것이 아니라 이를 단호히 거부하는 법을 제정하라고 촉구해야 한다.

그렇다. 우리의 가장 크고 영예로운 의무는 이 생성형 인공지능, 즉 우리의 고유한 목소리를 없애고 각자 자유롭게 길을 선택하지 못하도록 하는 인공지능을 당장 금지하는 것뿐이다. 따라서 각국의 국가 원수만이 아니라, 국가 및 국제 공공기관, 시민사회 전체는 신체와 정신 표현을 말살시키는 도구의 사용을 금지하도록 하는 내용의, 전 세계적 구속력을 지닌 규제안을 작성해야 한다.

이는 자신의 이익만을 추구하는 슈퍼히어로들로 가득한 이 오만의 세계에, 우리 삶의 방향을 결정짓는 것은 그들이 아님을 말하는 당당하고 아름다운 방식이 될 것이다. 지금이야말로 사태의 심각성에 걸맞게 결단을 내리고 모든 한계를 거부하는 실리콘밸리식 만트라와 결별하며 과거·현재·미래에 걸친 인류의 이름으로, **마지막 한계를 넘어서지 않도록 금지하지 않는 것은 도덕적으로 금지되었다고 선언해야** 한다.

그러나 이러한 각성은 일어나지 않을 것이다. 순진해지지 말자. 우리가 주로 민간 기업에 의해 추동되는 문명적 전환기를 겪고 있다는 사실, 가까운 미래에 수많은 종류의 로봇이 결정적 역할을 수행할 것이라는 사실, 누구의 동의도 구하지 않고 이 과정이 진행되어왔다는 사실, 이 수많은 사실 중 하나만으로도 행동에 나서기에는 충분한 이유가 되지만, 그럼에도 불구하고 이 세계가 틀렸을 리가 없으며 그것이 현시대의 돌파할 수 없는 지평을 구현하고 있다는 생각은

아직도 굳건하다. 귄터 안더스가 핵전쟁의 위협을 가리켜 사용한
표현을 인용하자면, 이야말로 끔찍한 '종말 앞의 맹목'이 아닌가?

이 위대한 폭로의 순간은 인류에 대한 경멸을 가감없이
보여준다. 그 경멸은 본래 산업자본주의뿐만 아니라 자유주의적
개인주의를 이끌었으며 문자 그대로 말해진 적은 단 한 번도 없지만
무의식적으로 존재했다. 인공지능은 여기에 섭리적으로 보이는 형체를
부여한 것뿐이다. 눈을 크게 뜨고 보자. 사실 오늘날 우리에게 주어진
결정적인 문제는 디지털 테크놀로지와 관련된 영역을 초월하며,
우리 스스로 질문을 던지도록 긴급하게 촉구한다. 우리는 인간성의
정수를, 그것이 완전히 말라붙기 전에 보호할 준비가 되어 있는가?
지난 두 세기 동안 인간성이 끊임없이 공격받은 결과 우리는 쇠락했고,
굴욕적이고 비대칭적인 권력관계, 각종 질환을 일으키는 근무 환경,
분노를 키우는 불평등, 환경 파괴 등이 나타났다. 그리고 이는 오늘날
개인적 주권과 사회적·정치적 공동체의 주권을 끝장내는 데 이르렀다.
헤게모니를 장악한 테크놀로지·경제 복합체가 전면적으로 지배력을
가졌기 때문이다. 이러한 이유에서 가장 먼저 나서서 행동으로 옮겨야
하는 것은 생태écologie와 관련되지 않는다. 다른 모든 것들이 우리
안의 생명력에 의존하는데 그 생명력을 지키지 않는다면, 어떻게
생명 보존을 걱정한다고 할 수 있겠는가? 그런 논리는 개별 요소를
일관성 없이 숭배한 결과에서 나오는 단편적인 시각일 것이다. 우리는
무엇보다도 양호한 삶의 여건으로 이루어진 생태를 위해, 우리 자신을
되찾고 스스로를 꽃피울 수 있도록 끊임없이 노력해야 한다.
우리는 치명적인 전산의 합리성, 사회 모든 부문에서
가속화되는 자동화, 우리를 피폐하게 만드는 탈육체화에 맞서, 이와
정반대의 과정에 참여해야 한다. 이는 인간이 가진 능력을 최대한

발휘하고 타인과 감각적이고 건설적이며 공평한 유대를 형성하며
생태계를 전적으로 존중하는 공동의 삶의 방식과 조직 방식을
구축함으로써 가능하다. 근대의 허무주의를 퇴치하는 방법으로
자연법을 재평가하자고 촉구한 미국의 정치철학자 레오 스트라우스Leo
Strauss의 제안에 행동으로 응하는 것과도 같다. 그는 다음과 같이
촉구했다. "정당하고 부당한 것은 내재적이다. 모든 것이 '실정'법, 즉
입법가들이 자유재량으로 정한 법에 속하지는 않는다."**91** 그렇다면
우리는 다음과 같이 구호를 만들 수 있으리라. 유령에 맞서, 세상에
온전히 존재하는 우리와 감각적인 것의 풍요로움을 기리자. 연거푸
승리하는 알고리즘의 규범에 맞서, 우리 고유의 지성과 행동력을
기리자. 신성 불가침적 다원성을 존중하며 개인과 집단의 운명을
자유롭게 결정할 권리를 수호하자. 죽음이 도사리는 언어와 상징의
인공적 생성에 맞서, 무한한 형태의 창조적 충동이 일상에서 우리에게
활기를 불어넣도록 하자. 우리의 근간을 이루는 생명력과 도덕적
법칙이 온전히 발휘되고, 절대, 무슨 일이 있어도, 사라지지 않고
번영하도록 하자. 더 나아가, 어디에서건 끊임없이 수많은 불빛이
빛나게 하자.

주

1 Walter Benjamin, *Paris, capitale du XIXe siècle. Le livre des passages*, [1924-1939], Cerf, 1997, p. 36.《아케이드 프로젝트》(새물결).

2 일상에서 알고리즘을 지속적으로 사용하도록 하려는 최근 산업 동향의 상징 중 하나로 '일상에서 가장 사려깊은 조언을 제공하도록' 개발된 구글 어시스턴트를 참조하라. Nico Grant, "Google Tests an A.I. Assistant That Offers Life Advice", *The New York Times*, 16 août 2023.

3 "The Metaverse and How We'll Build It Together", Connect 2021, 28 octobre 2021. youtube.com/watch?v=Uvufun6xer8.

4 참조. Antonio Gramsci, *Cahiers de prison*, tome I, Cahier 3, [1930], Gallimard, 1996.

5 수많은 사례 가운데 다음을 참조하라. 전 페이스북 임원 차마스 팔리하피티야Chamath Palihapitiya는 사용자들의 취약한 심리를 이용하려고 회사가 구사했던 전략들을 공개했다. 페이스북에서 '좋아요like' 버튼을 만든 저스틴 로젠스타인Justin Rosenstein 또한, 이 버튼의 유일한 목적은 중독 현상을 지속시키는 것이었음을 인정했다. 구글에서 '윤리'를 담당했던 전 디자이너 트리스탄 해리스Tristan Harris는 〈이코노미스트〉에서 "빅테크의 진짜 목표는 심리적 취약성을 이용해 사람들이 의존하게 하는 것"이라 밝힌 바 있다.

6 "일부 기업은 모든 것을 개척해야 하는 '서부 개척지Far West'에 뛰어들기를 두려워합니다. 메타버스에 도전한다고 반드시 승리하는 것은 아니지만, 아예 그곳으로 가지 않는 기업들은 분명 패배합니다!" 베로니크 리슈부아Véronique Richebois, "광고계를 개혁할 메타버스", *Le Monde*, 10 juillet 2022.

7 Pierre Bourdieu, "Les modes de domination", *Actes de la recherche en sciences sociales*, n° 2-3, 1976, p. 127.

8 게임 회사 듀빗Dubit의 국제 트렌드 부서 부사장인 데이비드 클리먼David Kleeman은 자사에서 약 20개국을 대상으로 실시한 설문조사 결과 아이들이 평균적으로 여덟 살부터 스마트폰을 소유한다고 밝혔다.

더 나아가 아이들은 매우 어린 나이부터 메타버스의 선구자와도
같은 마인크래프트Minecraft, 포트나이트Fortnite, 로블록스Roblox 등의
비디오게임에 빠져든다. 아이들은 단순히 게임을 즐기는 데 그치지 않고,
'사람들을 만나고', 다양한 환경을 '이동하며', 심지어 콘서트를 관람하기도
한다. 2020년 로블록스에서 래퍼인 릴 나스 엑스Lil Nas X의 공연을
원격으로 관람한 관객은 3,300만 명에 달했으며, 같은 해 포트나이트에서는
트래비스 스콧Travis Scott의 공연을 2,800만 명이 관람했다. *The Huffington
Post*, 27 juin 2022.

9 프랑스 혁명기인 1793년 의사 필리프 피넬이 비세트르 구빈원에 수용되어
있던 정신이상자들을 하루아침에 해방시켰다는 일화의 현실성 여부는
논쟁으로 남아 있다. 참조. Michel Foucault, *Histoire de la folie à l'âge classique*,
Gallimard, 1961.《광기의 역사》(나남출판).

10 Samuel Beckett, *Fin de partie*, Minuit, 1957.《승부의 종말》(연극과인간).

11 "현재의 문화를 진단하는 것, 이것이 오늘날 우리가 철학자라고 부르는
사람들이 수행할 수 있는 진정한 기능이다." Michel Foucault, *Dits et Écrits*,
tome I (1954-1975), Gallimard, 2005, p. 112.

12 참조. Ray Kurzweil, *The Singularity Is Near : When Humans Transcend Biology*,
Penguin Books, 2006.《특이점이 온다》(김영사).

13 상투적인 말로 가득 찬 최신판을 참조하라. *Le Monde en 2040 vu par la CIA.
Un monde plus contesté*, Équateurs, p. 2021.《글로벌 트렌드 2040》(한울).

14 "저는 견자여야 하고 견자가 되어야만 합니다", 1871년 5월 15일, 아르튀르
랭보Arthur Rimbaud가 폴 드므니Paul Demeny에게 보낸 편지에서 발췌,
Correspondance, Fayard, 2007, p. 158.

15 Günther Anders, *Et si je suis désespéré, que voulez-vous que j'y fasse?* [1977],
Allia, 2001.

16 참조. Jacques Ellul, *Le Système technicien*, Calmann-Lévy, 1977.《기술
체계》(대장간).

17 Aristote, *Métaphysique*, livre I.《형이상학》(길).

18 이 쟁점에 대해서는 다음을 참조하라. Hannah Arendt, *Condition de l'homme
moderne*, [1958], Calmann-Lévy, 1961.《인간의 조건》(한길사).

19 William Morris, *Comment nous vivons, comme nous pourrions vivre*, [1887], Le
Passager clandestin, 2010, p. 62.

20 Julien Offray de La Mettrie, *L'Homme machine*, [1747], Œuvres philosophiques, 1796, t. III, p. 123. 《인간기계론 · 인간식물론》(도서출판b).

21 참조. *The Principles of Scientific Management*, publié en 1911, 최초 저술은 1880년대부터 시작했다.

22 James Burnham, *The Managerial Revolution : What is Happening in the World*, John Day Company, 1941, 프랑스에서는 1947년 *L'Ère des organisateurs*라는 제목으로 출간되었다.

23 Max Scheler, *L'Homme du ressentiment*, [1923], Bartillat, 2022.

24 참조. Peter Sloterdijk, *La Mobilisation infinie. Vers une critique de la cinétique politique*, [1989], Christian Bourgois, 2000.

25 참조. Paul Virilio, *Vitesse et Politique. Essai de dromologie*, Galilée, 1977. 《속도와 정치》(그린비).

26 역사적 측면에서 이 프로젝트의 기술적 · 정치적 함의는 다음을 참조하라. Eden Medina, *Le Projet Cybersyn. La cybernétique socialiste dans le Chili de Salvador Allende*, [2011], B2, 2017.

27 미셸 푸코의 '생명 정치'는 다음을 참조하라. "La naissance de la médecine sociale" 및 "L'incorporation de l'hôpital dans la technologie moderne", in *Dits et Écrits*, t. III, (1954-1988), Gallimard, 1994.

28 참조. Gilles Deleuze, "Post-scriptum sur les sociétés de contrôle", in *L'Autre Journal*, n° 1, mai 1990.

29 Pier Paolo Pasolini, "Contro la televisione", *Corriere della Sera*, 9 décembre 1973.

30 2004년 텔레비전 방송사 TF1 최고경영자 파트리크 르 레Patrick Le Lay는 이렇게 말했다. "우리가 코카콜라에 파는 것은 인간이 사용할 수 있는 뇌의 시간이다." *L'Express*, 9 juillet 2004.

31 Günther Anders, *L'Obsolescence de l'homme. Sur l'âme à l'époque de la deuxième révolution industrielle*, [1956], L'Encyclopédie des nuisances / Ivrea, 2002, p. 123.

32 Paul Virilio, *Essai sur l'insécurité du territoire*, Stock, 1976, p. 132.

33 Georg Simmel, *Essai sur la sociologie des sens*, in *Sociologie et épistémologie*, [1907], PUF, 1981, p. 230.

34 필자는 저서 《기호의 시대》에서 1,000여 장의 사진, 설명문, 이론을 통해

2000년대 전반 도시 공간에서 스크린이 확산되는 현상을 분석했다. 다음을 참조하라. *Times of the Signs. Communication and Information : A Visual Analysis of New Urban Spaces*, Birkhäuser, 2007.

35 참조. Sigmund Freud, *Le Moi et le ça*,.[1923], PUF, 1991.《프로이트 전집2》(세창출판사).

36 Étienne Bonnot de Condillac, *Traité des sensations*, t. II, [1764], Larousse, 1952, p. 49.

37 Maurice Merleau-Ponty, *Le Visible et l'invisible*, Gallimard, 1988, p. 117. 《보이는 것과 보이지 않는 것》(동문선).

38 자크 라캉의 1975년 12월 2일 매사추세츠 공과대학교 강연. parue dans *Scilicet*, 1975, n° 6-7, pp. 53-63.

39 이에 대해서는 나의 책 *Surveillance globale. Enquete sur les nouvelles formes de controle*, Climats/Flammarion, 2009을 참조하라.

40 참조. Shoshana Zuboff, *L'Âge du capitalisme de surveillance*, [2018], Zulma, 2020.《감시 자본주의 시대》(문학사상사).

41 Jean Baudrillard, *Simulacres et simulation*, Galilée, 1981, p. 10. 《시뮬라시옹》(민음사).

42 1991년 1월 4일과 3월 28일에 〈리베라시옹-Libération〉에 실린 장 보드리야르의 두 기고문과 그의 책 *La guerre du Golfe n'a pas eu lieu*, Galilée, 1991를 참조하라.

43 Günther Anders, *L'Obsolescence de l'homme. Sur l'âme à l'époque de la deuxième révolution industrielle*, op. cit., p. 15.

44 Jean Baudrillard, *Simulacres et simulation, op. cit*., p. 87.

45 André Breton, *Manifeste du surréalisme*, [1924], in *Œuvres complètes*, tome 1, Gallimard, coll. 'Bibliothèque de La Pléiade', 1987, p. 328.《초현실주의 선언》(미메시스).

46 Jean Baudrillard, *Simulacres et simulation, op. cit*., p. 60.

47 주체화 과정에 대해서는 미셸 푸코의 "존재의 미학"을 참조하라. Michel Foucault, "Une esthétique de l'existence", in *Dits et Écrits*, tome IV (1980-1988), Gallimard, 1994, texte n° 357.

48 Alexis de Tocqueville, *De la démocratie en Amérique*, Gallimard, coll. 'Folio histoire', 1991, p. 117.《아메리카의 민주주의》(아카넷).

49 참조. Éric Sadin, *L'Intelligence artificielle ou l'enjeu du siècle. Anatomie d'un antihumanisme radical*, L'Échappée, 2018.

50 Emmanuel Kant, *Qu'est-ce que les Lumières?*, 1784.《계몽이란 무엇인가》(길).

51 Henri Bergson, *La Pensée et le mouvant*, [1934], PUF, 2013, p. 114.《사유와 운동》(문예출판사).

52 Max Weber, *L'Éthique protestante et l'esprit du capitalisme*, [1904], Gallimard, coll. 'Tel', 2004, p. 97.《프로테스탄티즘의 윤리와 자본주의 정신》(길).

53 Jean-Paul Sartre, *L'Imaginaire. Psychologie phénoménologique de l'imagination*, [1940], Gallimard, coll. 'Folio essais', 1986, p. 46.《사르트르의 상상계》(기파랑).

54 Paul Valéry, *Cours de poétique*, t. II, *Le langage, la société, l'histoire (1940-1945)*, Gallimard, coll. 'Bibliothèque des Idées', 2023, p. 384.

55 Pline l'Ancien, *De la peinture*, in *Histoire naturelle*, livre XXXV, § 151 et 152.《플리니우스 박물지》(노마드).

56 참조. Georges Didi-Huberman, *La Ressemblance par contact*, Minuit, 2008(책의 일부는 저자가 기획한 전시 "발자국 L'Empreinte"의 도록 서문을 다시 수록한 것으로 해당 전시는 1997년 퐁피두센터에서 열렸다).

57 Ernest Cline, *Player One*, [2011], Michel Lafon, 2013.《레디 플레이어 원》(에이콘출판).

58 참조. Stéphane Mallarmé, *Divagations*, Eugène Fasquelle, 1897.

59 Paul Valéry, *La Crise de l'esprit*, NRF, 1919.《정신의 위기》(이모션북스).

60 참조. Marc Augé, *Non-lieux. Intzroduction à une anthropologie de la surmodernité*, Seuil, 1992.《비장소》(아카넷).

61 필자가 다음 저서에서 처음 고안한 개념이다. *L'Ère de l'individu tyran : La fin d'un monde commun*, Grasset, 2020.

62 참조. Zygmunt Bauman, *La Vie liquide*, [2005], Fayard, 2013.《액체근대》(강).

63 참조. Georg Simmel, *Essai sur la sociologie des sens*, in *Sociologie et épistémologie*, op. cit.

64 특히 다음을 참조하라. Emmanuel Levinas, *Entre nous* (*Essais sur le penser-à-l'autre*), Grasset, 1991.《우리 사이》(그린비).

65 탈영토화 개념에 대해서는 특히 다음을 참조하라. Gilles Deleuze et Félix

Guattari, *L'Anti-Œdipe. Capitalisme et schizophrénie*, Minuit, 1972. 《안티 오이디푸스》(민음사); *Mille Plateaux. Capitalisme et schizophrénie 2*, Minuit, 1980도 참조하라. 《천개의 고원》(새물결).

66 "Meta : 'Nous sommes convaincus que le métavers est l'avenir de l'informatique'", 샤를 드 로비에Charles de Laubier가 진행한 아난드 다스와의 인터뷰, *Le Monde*, 19 mars 2023. 강조는 저자의 것이다.

67 참조. Francis Fukuyama, *La Fin de l'histoire et le Dernier Homme*, Flammarion, 1992. 《역사의 종말》(한마음사).

68 Philip K. Dick, *Minority Report*, Gallimard, 2002. 《마이너리티 리포트》(폴라북스).

69 Günther Anders, *L'Obsolescence de l'homme. Sur l'âme a l'époque de la deuxième révolution industrielle, op. cit.*, p. 312.

70 알랭 에랭베르Alain Ehrenberg의 저서 제목을 그대로 차용했다. *La Fatigue d'être soi. Dépression et société*, Odile Jacob, 1998.

71 참조. Eli Pariser, *The Filter Bubble : How the New Personalized Web Is Changing What We Read and How We Think*, Penguin Books, 2012. 《생각 조종자들》(알키).

72 '삶의 구형화'라는 개념에 대해서는 필자의 저서를 참조하라. *L'Ère de l'individu tyran : La fin d'un monde commun, op. cit.*

73 Michel Foucault, *Dits et Écrits*, tome II, Gallimard, 2001, p. 1604.

74 Paul Valéry, *Cours de poétique I, Le Corps et l'esprit* (1937-1940), Gallimard, 2023, p. 616.

75 필자가 다음 저서에서 핵심적으로 다룬 개념이다. *L'Intelligence artificielle ou l'Enjeu du siècle. Anatomie d'un antihumanisme radical, op. cit.*

76 "La tech doit être une force politique", 커린 르네스Corine Lesnes가 진행한 샘 올트먼과의 인터뷰, *Le Monde*, 26 juillet 2017.

77 2023년 6월 독일 일간지 〈빌트Bild〉는 편집국 내 생성형 인공지능 사용 일반화를 이유로 직원의 3분의 1을 감원하겠다고 밝혔다. "앞으로 편집장, 그래픽 디자이너, 교정자, 편집자, 사진 편집자는 우리가 지금 알고 있는 방식으로는 존재하지 않게 될 것입니다." 편집국이 6월 19일 직원들에게 보낸 이메일 내용. "Le quotidien allemand *Bild* réduit ses coûts et mise sur l'intelligence artificielle", Cécile Boutelet, *Le Monde*, 28 juin 2023.

78 이 주제에 관해서는 필자의 다음 기고를 참조하라. "L'ineptie des tablettes numériques au collège", *Libération*, 16 novembre 2014; 그리고 공동 저서인 *Critiques de l'école numérique*, L'Échappée, 2019를 참조하라.

79 2020년 에마뉘엘 마크롱Emmanuel Macron 대통령의 발언을 가리킨다. "나는 친환경 사회를 찬성하는 것이지 아미시 사회를 찬성하는 것이 아니다."

80 Anne-Françoise Hivert, "La Suède juge les écrans responsables de la baisse du niveau des élèves et veut un retour aux manuels scolaires", *Le Monde*, 21 mai 2023.

81 2023년 3월 27일 〈르몽드〉에 실린, 마리 그랑Marie Grand이라는 철학 교사가 쓴 참담한 기고문 "챗GPT는 교육을 포함해 모든 분야에서 지성의 회복을 유도한다"를 참조하라.

82 Albert Camus, *L'Homme révolté*, [1951], Gallimard, coll. 'Folio essais', 2015, p. 27. 《반항하는 인간》(민음사).

83 알렉산더 그로텐디크가 1970년에 단체를 설립하고 회원들과 자신이 쓴 비판적 텍스트를 수록한 탁월한 저작을 참조하라. *Survivre et vivre. Critique de la science, naissance de l'écologie*, L'Échappée, 2014.

84 José Ortega y Gasset, *Le Mythe de l'homme derrière la technique*, [1939], Allia, 2016, p. 18.

85 "L'idée même de vouloir ralentir la recherche sur l'IA s'apparente à un nouvel obscurantisme", 클레어 르그로Claire Legros가 진행한 얀 르쿤과의 인터뷰, *Le Monde*, 28 avril 2023.

86 참조. George Orwell, *La Politique et la langue anglaise* [1946], in *Tels étaient nos plaisirs et autres essais*, L'Encyclopédie des nuisances, Ivrea, 2005.

87 "기술자유주의의 트로이 목마, 인공지능"은 필자의 저서 《인공지능, 세기의 문제 – 급진적 반인간주의를 해부하다*L'Intelligence artificielle ou l'Enjeu du siècle. Anatomie d'un antihumanisme radical*》 출간 당시 에르완 마나크Erwan Manac'h의 기획으로 2018년 10월 24일 주간지 〈폴리티스Politis〉 '1면'에 실린 특집 기사이다.

88 Michel Foucault, *Dits et Écrits*, t. III (1954-1988), op. cit., 1976-1979.

89 특히 다음을 참조하라. John Dewey, *Le Public et ses problèmes* [1927], Gallimard, coll. 'Folio essais', 2010, p. 277. 《공공성과 그 문제들》(한국문화사).

90 Aharon Appelfeld, *L'Héritage nu* [2005], L'Olivier, 2022, p. 87.

91 Leo Strauss, *Droit naturel et histoire* [1953], Flammarion, 2008, p. 117.
《자연권과 역사》(인간사랑).